行为财政视角下应用区块链技术提升我国税收治理现代化的研究

王静敏　著

经济日报 出版社

北京

图书在版编目 (CIP) 数据

行为财政视角下应用区块链技术提升我国税收治理现

代化的研究 / 王静敏著 . —— 北京 : 经济日报出版社，

2025. 6. —— ISBN 978-7-5196-1573-4

Ⅰ . F812.42

中国国家版本馆 CIP 数据核字第 2025P6N237 号

行为财政视角下应用区块链技术提升我国税收治理现代化的研究

XINGWEI CAIZHENG SHIJIAOXIA YINGYONG QUKUAILIAN JISHU TISHENG WOGUO
SHUISHOU ZHILI XIANDAIHUA DE YANJIU

王静敏　著

出版发行：经济日报出版社
地　　址：北京市西城区白纸坊东街 2 号院 6 号楼
邮　　编：100054
经　　销：全国各地新华书店
印　　刷：武汉怡皓佳印务有限公司
开　　本：710mm×1000mm　1/16
印　　张：12.5
字　　数：198 千字
版　　次：2025 年 6 月第 1 版
印　　次：2025 年 6 月第 1 次
定　　价：72.00 元

● 目录

第一章 导论

"十四五"时期，以人工智能、大数据、区块链等为代表的新技术正在驱动人类社会全面数字化转型，国家治理体系和治理能力现代化加速推进，我国迈入全面建设社会主义现代化国家的新发展阶段。经济社会环境的深刻变化给税收治理带来了新的机遇和挑战。区块链技术的发展将为进一步优化和完善我国的税收治理体系提供新的机遇。在新的经济形势下，研究如何利用区块链技术促进税收治理现代化对于推进国家治理体系和治理能力的现代化以及全面建设社会主义现代化国家具有重要意义。通过梳理文献发现现有文献只是单纯就区块链和税收治理的某一方面问题在研究，没有完整的一套理论体系支撑和分析架构，且多是以传统的理性经济人假设为分析基础，忽略了税收经济活动中行为人的心理因素、社会属性等非理性因素所造成的人的行为选择的复杂性，因此本书从行为财政的角度出发，对区块链技术与税收治理问题进行了研究，旨在进一步构建区块链税收治理体系，使区块链技术更有效地服务于税收治理现代化。本章重点介绍了本书的选题背景、研究目的及意义，并对国内外文献中关于区块链技术、税收治理现代化以及两者之间的契合性进行了梳理，在此基础上进一步确定了研究内容、思路和方法。

第一节 选题背景和问题提出

一、选题背景

（一）时代背景

自 2020 年以来我国处于开启全面建设社会主义现代化国家新征程的关键时期，经济发展进入新阶段、面临新格局，内外部经济社会环境都在发生复杂深刻的变化，税收治理在新的时代背景下也将面临新的机遇和挑战。2020年10月党的十九届五中全会提出要建立现代财税金融体制，到2035年基本实现国家治理体系和治理能力的现代化。财政是国家治理的基础和重要支柱，建立现代财政制度，是将财政体制改革镶嵌到国家治理体系与治理能力现代化的大背景下的一个正确且必然的选择。税收制度是现代财政制度的重要组成部分，对国家治理起着基础性、支柱性、保障性作用。现代税收制度的本质可以理解为税收治理的现代化。在中国特色社会主义进入新时代的背景下，建立并不断完善与国家治理体系和治理能力现代化相匹配、服务于全面建设社会主义现代化国家的现代税收制度，实现税收治理的现代化是新时代税制改革的基本目标。

（二）社会背景

自党的十九届四中全会首次将"数据"增列为生产要素以来，数据逐渐成为重要的生产要素。以大数据分析、物联网、人工智能、区块链、生物技术等发展为主要标志的第四次工业革命加速到来，人类社会正在从信息时代升级到数字经济时代，数字经济成为中国经济增长的"新引擎"。数字经济发展的速度、广度和深度前所未有，正在推动着生产生活方式和治理方式的深刻变革，冲击着既有的经济运行方式、活动规则和经济发展方式，重塑着社会治理结构和空间格局。整个实体经济的所有产业和日常生活的各个领域都在进行全面的数字化升级。从财税领域看，数字经济也是对财税理论和管理实践的一种全面、彻底的基础性变革。数字经济在一些新技术的支撑下，带来了新的商业模式，也出现了新的税源基础。传统工业经济时代的税权划分和征管等均面临着日益严峻的挑战。在此背景下，税收治理迫切需要借助信息化手段更好地感知社会态势、畅通沟通渠道、辅助决策实施。如果要构建税收治理的"智治"模式，就要实现信息数据的共享，将物联网、云技术、区块链等技术融入税收治理之中。

党的十九大报告提出，中国特色社会主义进入新时代，我国社会主要矛盾已经转化为人民日益增长的美好生活需要和不平衡不充分的发展之间的矛盾。社会主要矛盾的变化，要求税收治理要切实贯彻以人民为中心的发展思想，聚焦优化公共服务，建设服务型政府，满足人民期盼。国家税务总局不断强调税务部门要顺应数字化浪潮，在适应全球科技革命快速发展和信息技术与经济社会深度融合的基础上，通过探索构建融合化的技术赋能平台体系，推进数字政府建设，加快转变政府职能，要深化"放管服"改革，切实优化税收营商环境，为了完善税收信用体系建设，我们需要加快区块链等数字科技手段在税收治理中的应用。2019年10月习近平总书记在谈到区块链与民生关联时指出，"要探索利用区块链数据共享模式，实现政务数据跨部门、跨区域共同维护和利用，促进业务协同办理，深化'最多跑一次'改革，为人民群众带来更好的政务服务体验"。[①] 总而言之，在税收治理现代化的过程中引入区块链技术，不仅可以进一步将服务理念贯穿执法、监管全过程，将税收征管改革打造为民心工程，营造和谐稳定可持续的新型税收征纳关系，也可以促使服务型税务机关的定位更加清晰，提升税法遵从度和社会满意度。

（三）政策背景

区块链最初起源于比特币。比特币市场的迅速崛起引起了社会的广泛关注。随着数字经济中虚拟现实交易场景的增多，国内外专家学者对比特币的法律属性、经济影响、监管政策、税收政策等方面存在诸多争议。接受者认为比特币是推动经济发展的新工具，对其征收相应的数字资产税能够适应新经济业态发展，有望成为国家财政收入的潜在增长点。质疑者认为比特币的高度匿名性，没有银行等金融中介机构，增加了逃税可能性和现有税收征管条件下税收监管难度，易引发非法集资、黑市交易、反洗钱等新问题，且比特币的挖矿机制也会造成巨大的资源耗费，使整个比特币产业链演变成极端资本密集型产业。就国内外而言，国内学者普遍否定了比特币的货币属性，基本对比特币不是法定货币达成共识，多数学者认为比特币具有财产属性，部分学者认为比特币具有商品属性；国外部分学者认为比特币具有货币属性，可以像其他货币一样转移。比特币只是区块链技术的成功应用，其底层技术和基础架构是区块链技术，伴随着比特币的诞生和发展，从反应敏锐的资本

---

① 资料来源：http://www.xinhuanet.com/politics/leaders/2019-10/25/c_1125153665.htm，新华网，习近平在中央政治局第十八次集体学习时强调　把区块链作为核心技术自主创新重要突破口　加快推动区块链技术和产业创新发展。

市场可以看出，区块链的技术逻辑与潜在价值也逐渐被社会了解，区块链技术正站在风口上，受到各方高度关注。

2016 年 10 月工信部发布的《中国区块链技术和应用发展白皮书（2016）》总结了区块链在国内外的发展现状和典型应用场景，并对中国区块链技术的发展路线图和未来区块链技术标准化的方向与过程进行了阐述。2016 年 12 月国务院发布的《"十三五"国家信息化规划》首次将区块链技术纳入国家信息化规划。[①]2019 年 1 月 10 日国家互联网信息办公室印发《区块链信息服务管理规定》。[②]2019 年 10 月 24 日，习近平总书记在中央政治局第十八次集体学习时着重强调，要把区块链技术作为核心技术自主创新的重要突破口，加快推动区块链技术和产业创新发展。[③]2020 年召开的两会出台了"新基建"的相关政策。2020 年的政府工作报告也提出培育和健全数据要素市场，[④]打造数字经济新优势，为加快区块链应用落地提供了强有力的支撑。2020 年 4 月国家发展改革委首次明确将区块链技术与人工智能、云计算等技术置于同等地位，并将其纳入新技术基础设施范围，[⑤]区块链技术应用进入爆发期。"区块链"已走进大众视野，成为社会的关注焦点。

2021 年 3 月，中共中央办公厅、国务院办公厅印发了《关于进一步深化税收征管改革的意见》（以下简称《意见》）。《意见》对包括税收法治、税收征管、纳税服务、国际税收、税收人才等五大体系在内的整个税收治理体系在新发展阶段实现现代化的具体要求、实现步骤以及时间安排等都作出了详细部署。《意见》作为党中央、国务院对"十四五"时期税收征管改革的重要制度安排，不仅是党中央、国务院为顺应纳税人缴费人期盼而部署实施的重大民心工程，而且为"十四五"新发展阶段中高质量推进税收现代化确立了总体规

---

① https://www.gov.cn/zhengce/zhengceku/2016-12/27/content_5153411.htm，国务院关于印发"十三五"国家信息化规划的通知（国发〔2016〕73 号）。

② https://www.cac.gov.cn/2019-01/10/c_1123971164.htm，国家互联网信息办公室令第 3 号《区块链信息服务管理规定》。

③ http://www.xinhuanet.com/politics/leaders/2019-10/25/c_1125153665.htm，新华网。

④ https://www.gov.cn/zhuanti/2020lhzfgzbg/，2020 年政府工作报告提出"培育技术和数据市场，激活各类要素潜能"。

⑤ 2020 年 4 月 20 日上午，国家发展改革委召开的 4 月份例行新闻发布会。

划。2021年4月15日，在经济合作与发展组织（OECD）税收征管论坛（FTA）能力建设高级别视频会议上，中国国家税务总局局长王军也表示中国税务部门将深入贯彻落实好《意见》的部署要求，坚定不移地走科技兴税之路，不失时机地推动大数据等现代信息技术与税收业务加速融合，把数据作为重要生产要素，深入推进税收大数据建设和应用，努力建成以税收大数据为驱动力的具有高集成功能、高安全性能、高应用效能的智慧税务，推动税费执法、服务、监管的信息化、数字化水平不断提升并实现跨越式发展，为深化税收征管的国际合作提供更多的中国经验，为推进全球税收治理贡献更大的中国力量。[①]

二、问题提出

基于上述时代、社会与政策背景，当前区块链技术作为提升税收治理能力的新型技术工具，已逐步凸显出其价值。如何进一步构建基于区块链技术的税收治理体系，让区块链技术更有效地服务于税收治理现代化值得深入探索，研究以区块链技术助推我国税收治理现代化的问题正当其时。

第二节 研究目的及意义

一、研究目的

党的十九届五中全会高瞻远瞩明确提出到2035年基本实现国家治理体系和治理能力现代化的目标。税收是国家治理的基础，以现代信息技术为依托加快推进税收治理的现代化是时代发展的必然要求。"十四五"以来，以人工智能、大数据、区块链等为代表的新技术正在驱动人类社会全面数字化转型，向税收治理现代化目标不断迈进，需要我们把握时代机遇，充分运用区块链等新兴技术进一步优化和完善我国的税收治理体系。本书主要研究目的有三：

---

① http://beijing.chinatax.gov.cn/bjswj/c104644/202104/c1a53a2e42ff415184548ca94d85fb1e.shtml，王军出席税收征管论坛（FTA）高级别线上会议并作主旨发言。

一是搭建行为财政视角下应用区块链技术提升我国税收治理现代化的理论分析框架，厘清其中区块链技术和税收治理现代化的概念及其关系；二是理清区块链技术与税收治理的逻辑关系，分析区块链技术在税收治理中应用的可行性，指出自 2018 年以来区块链技术在我国税收治理中的应用现状和经济影响，并基于行为财政视角分析区块链技术在税收治理的应用中存在的问题，探讨区块链技术在我国税收治理中可能的应用前景及面临的局限性；三是提出行为财政视角下应用区块链技术助推我国税收治理现代化的对策，以期更好地发挥税收在国家治理中的基础性、支柱性、保障性作用，为全面建设社会主义现代化国家开好局、起好步。

二、研究意义

国内外众多研究表明，新的时代背景下，税收治理面临着多重机遇和挑战。本书旨在通过构建以区块链技术为支撑的税收治理体系，推动我国税收治理的现代化。

理论意义在于：一是，新的经济形势下研究如何利用区块链技术助推税收治理的现代化，更好地发挥税收治理在国家治理体系中的重要作用，对于推进国家治理体系和治理能力的现代化和全面建设社会主义现代化国家具有重要意义。二是，开拓了新的研究视野并丰富了税收治理的理论体系。本研究将区块链技术与税收治理相结合，基于税收治理体系，充分结合区块链可追溯性、数据不可篡改等技术优势，从行为财政的视角出发，探索了新技术在税收治理中的应用，建立了行为财政视角下基于区块链技术的税收治理体系的理论分析框架，为研究税收治理现代化开辟了新的研究角度，提供了新的理论支撑，有助于丰富和完善税收治理理论体系。三是，推动了跨学科研究的深入发展。税收治理是一项庞大的系统工程，涉及税政、服务、信息、机构、人事等诸多内容，对税收治理的研究也理应涉及经济学、财政学、税收学、管理学、心理学、信息技术等多个学科的理论和方法。本研究将行为财政学等多学科交叉的研究方法引入税收治理研究中，推动了跨学科研究的深入发展。通过跨学科研究，可以更加全面地理解和分析税收治理现代化的问题，从多角度分析研究应用区块链技术实现税收治理现代化的路径选择，提出更加科学可行的解决方案。

实践意义在于：一是，为税务部门在税收工作中应用区块链技术提供了科学可行的应用方案。本书提出的区块链技术应用于税收治理现代化的方案，能够使税务部门真正做到涉税信息"一户式""一人式""一局式""一员式"的智能归集以及"最多跑一次"等类似的各种便民服务，有助于贯彻落实国家税务总局深化"放管服"改革的要求，切实优化税收营商环境。二是，本书基于区块链技术设计的业务流程及征管系统，不仅能使基层税务工作提质增效，减轻基层税务工作人员的负担，而且可以使纳税人的经营成本和税收风险有效降低，切实增强纳税人的获得感。三是，本书的研究成果为税务部门构建基于区块链技术的"智税"模式提供了指南。数字经济在一些新技术的支撑下，带来了新的商业模式，也出现了新的税源基础，而区块链技术推动下的税收治理的现代化可以推动税收制度的变革逐渐匹配数字经济时代出现的新的税源基础和新时期国家发展目标，对税务部门应对数字经济发展所带来的税权划分和征管等方面的挑战具有重要的实践意义。四是，本书基于行为财政对征纳双方互动行为的分析，有助于促进税收征管与纳税服务的协调发展，构建和谐的征纳双方互动关系，促进税务工作人员从传统的征收管理理念向现代的服务治理理念转变，创新税务部门的工作方式，将管理寓于服务之中，实现征纳双方在信任平等基础上的和谐互动。

第三节　文献综述

一、国内相关文献

（一）区块链概念研究

张波（2016）[1]从网络层面定义区块链是建立在 IP 通信协议和分布式网络两个技术基础上的技术，具有成本低廉、安全性高、透明性强、拓展性大等特点。我国工信部信息中心 2016 年 10 月发布的《中国区块链技术和应用发展白皮书（2016）》[2]从区块链技术的底层技术构成及运行规则上定义了区块链技术是利用分布式节点共识算法生成和更新数据、利用密码流方式确保数据传输和访问安全、利用智能合约编程和操作数据的一种全新的分布式基础架构和计算范式。周天虹（2017）[3]和王远伟（2018）[4]认为区块链是一种互联网数据库技术，是点对点传输、分布式数据存储、加密算法、共识机制等计算机技术的新型应用模式，其中区块记录一段时间内发生的交易和状态结果，链是由一个个区块按发生顺序串联而成，是整个状态变化的日志记录。钟成、张桂茂（2018）[5]认为区块链是通过块链式数据结构建立的分布式数据库系统，账本中记录的数据块在所有网络节点中存储，且节点之间的数据传输采用分布式技术并通过共识机制和数学算法对数据进行加密，防止篡改和伪造。杨雷鸣、朱波、苏宇（2019）[6]从狭义和广义两个层面对区块链进行了界定，最终从广义角度认为区块链就是一个公开、透明、共享、可信的分布式网络记账系统。赵金旭、孟天广（2019）[7]认为区块链技术本质上是分布式数据存储，对信任问题的探索是区块链技术产生的起始原因，主要创新点是解决了传统互联网中"数据孤岛"和"数据确权"两个固有难题，同时，链上治理与智能合约，是区块链自身治理形式的创新。张亮、李楚翘（2019）[8]认为区块链是一种去中心化分布式的大型数字化网络账本。董丽娟（2020）[9]认为区块链顾名思义是由无数区块连接而成的区块链条，区块之间利用密码学的原理相连，每笔交易在各方签字后记录在区块链上，任何人不能修改，本质是一种去中心化的数据库，参与各方均可以实现数据共享。

（二）税收治理现代化的内涵与对策研究

税收治理现代化的内涵方面，张雷宝（2015）[10]认为税收治理现代化是税收治理体系和治理能力现代化的简称，理论层面，税收治理现代化是税收现代化的精细化阐述；是税收管理现代化的进一步提升；是注重税务系统内部协作与外部协同的现代化治税思想；是强调现代化税务人才和现代化信息技术手段支撑的复杂系统工程。王秀芝（2015）[11]认为现代化在静态上是成为具有现代特点的、适合现代需要的一种状态，动态上是一个不断进步、持续发展的过程；因此将税收征管现代化定义为：具有现代特点、符合现代国家治理、税收治理需要的税收征管状态，同时又指一国在税收征管领域追赶世界先进水平的发展过程。宋丽颖（2018）[12]认为税收现代化可分为微观、中观、宏观三个层次：微观层面的税收现代化，主要是指税收征收管理的现代化，包括税收征管、纳税服务、税收信息化及税收组织体系；中观层面的税收现代化，是指特定区域税务部门运作的现代化，包括税收业务、税务人员、组织文化等方面的现代化；宏观层面的税收现代化，既包括财税系统内部运行的现代化也包括外部环境（如税收法治、全民纳税意识、信息支撑系统等）的现代化。赵惠敏（2018）[13]认为，税收治理现代化主要是税收治理体系和治理能力的现代化；税收治理体系包括完备规范的税收法律体系、稳定的税制体系、严密的征管体系、高效的组织体系等一系列制度、体制、机制的总和；税收治理能力包括顶层设计能力、决策能力、管理能力、提供服务能力、信息控制能力、协调能力、执行能力等。张斌（2018）[14]认为税收治理现代化可以概括为税收理念和税收理论、税收治理制度环境、税法制定过程、税制体系和税收管理几个方面的现代化，其核心是贯彻税法制定和执行全过程的税收法治现代化。迟连翔、韩吉营（2020）[15]和国家税务总局厦门市税务局课题组（2020）[16]认为税收治理的六大体系构成的治理体系框架是税收现代化的核心内容。国家税务总局深圳市税务局课题组（2020）[17]认为税收管理现代化是反映一国税务部门采用现代科技手段、先进公共管理理念，顺应现代经济社会发展进行税收征管的动态持续发展过程。刘尚希（2021）[18]认为现代化有三层含义：一是物质现代化，二是制度现代化，三是人的现代化，过去更多地追求物质和制度的现代化；而在新发展阶段，税收治理的现代化则是以人为核心的现代化。浙江省嘉兴市税务学会课题组（2022）[19]认为税收现代化是以当代世界先进水平为参照，并与一定社会历史条件相联系的历史发展过程，是包含税收治理现代化的复杂系统工程。

税收治理现代化的对策方面，余静（2015）[20]提出大数据背景下要建立数据规范体系和分析应用体系，以及信息化、法律制度、人才队伍、绩效评价等配套的运行保障体系来推进税收治理现代化。宋丽颖（2018）认为推进税收治理体系现代化需要完善税收法定和纳税服务两个制度支撑，抓好信息管税和风险管理两个核心机制，落实组织结构和人力资源两个管理保障。王葛杨（2020）[21]提出在涉税数据的应用效能、治理、法治建设和税收征管流程等方面通过大数据技术赋能充分发挥数据治税的优势，推进税收治理现代化。焦瑞进（2020）[22]认为税收治理现代化是一项系统工程，推进税收治理现代化，必须统筹财税分配体制、税收收入制度、税收征缴程序制度三个领域的关联关系，分步推进实现，要树立数字财税思维以提高税收治理能力，通过建设智能税务完善税收治理体系。周贤娴（2020）[23]认为税收治理现代化需要从理念、模式、实践路径三方面推进，首先要树立法治、共治、善治的理念，其次要从税制及相应管理体制机制方面进行制度变革，最后从组织机构、人才队伍、税务文化等方面重塑税收治理能力。

（三）区块链技术应用于税收治理的必要性和可行性研究

一是区块链技术应用于税收治理的必要性研究。汪康（2019）[24]认为当今社会是大数据时代，研究如何以大数据、云计算、区块链等先进技术为依托促进互联网、区块链、人工智能等技术的创新成果与征管业务的深度融合，以智能化方式推进税收治理的现代化，是新时代给税收治理提出的新要求。张巍、郭墨（2019）[25]认为税收管理迈向现代化的关键是优质税务信息获取能力的提升，对区块链应用于税收管理的可能性与必要性进行了论证。刘建徽和周志波（2020）[26]认为在经济数字化的背景下，税收征管胜任能力的提升以及国际税收治理合作的实现，需要互联网、区块链、大数据等现代信息技术手段的支撑。

二是区块链技术应用于税收治理的可行性研究。贾宜正等（2017）[27]首次探索了区块链技术在税收治理领域的应用，从区块链技术的独特性角度阐述了区块链技术在涉税数据共享、税收信用体系建设等方面应用的可行性。任超然（2018）[28]、汤晓冬、周河山（2018）[29]通过分析区块链技术特征对税收管理的适应性，研究了信息生态链中企业、利益相关者、制度三个要素间的作用机理。王远伟（2018）认为区块链技术可用于追踪增值税缴纳的时间和地点，防止通过创建虚假交易信息来隐匿应纳税额，税务机关可基于区块链技术获得更全面、真实的税收数据。钟成、张桂茂（2018）认为区块链技术具有去中心化、互联互通、透明并不可篡改的特性，在税源风险管控、发票风险管理以及纳税信用体系建设等方面具有很大的应用价值。高金平（2018）[30]，认为区块链可以应用在发票管理、自然人信息管理、税务管理平台建设等方面。杜莉、郑毓文（2018）[31]、李万甫、刘和祥和邓学飞（2018）[32]、张炜（2019）[33]通过研究以区块链技术改进我国电子发票管理系统并提高纳税遵从度来完善我国的纳税信用管理。杨雷鸣、朱波、苏宇（2019）认为区块链技术的智能合约机制、可追溯性和透明性等特点，对解决税收风险管理工作中的问题具有良好的适用性。"'互联网+'背景下的税收征管风险管理研究"课题组（2019）[34]，分析了区块链与税收管理现代化在遵从服务、公开透明、高效管理、风险管理、平台建设等方面的匹配性，提出了区块链技术可以用于税源的自动监控、纳税方的合作性遵从，减轻税务部门纳税评估、纳税信用评级、电子发票等方面的工作负担。程辉（2019）[35]认为区块链技术在解决税收征管中的税收信息不对称、不透明的问题上具有内在优势，为优化税收征管提供了一种实现路径，成为解决税收征管"痛点"和"难点"的有力工具。于水、杨杨（2020）[36]认为区块链能够以技术赋能的方式优化公共部门治理流程，不仅在理论上提供解决公共信任问题的有效方案，而且在技术应用场景、社会治理智能化和国家宏观政策层面具备现实可行性。广东省深圳市国际税收研究会课题组（2020）[37]指出现代化的税收管理模式中税务机关与纳税人的合作伙伴关系、公平透明关系、良性互动关系及合作性遵从关系与区块链的技术特性高度契合。王葛杨（2020）指出区块链等新技术与税务工作的结合，能够转变税收管理理念、优化税收业务流程、提升纳税人办税体验、降低征纳双方的办税成本。董丽娟（2020）认为区块链技术在减少征管成本、增值税和个人所得税征管、国际税收征管等方面应用前景广阔。邓学飞、贺照耀（2020）[38]探索了将区块链技术运用到纳税缴费信用体系建设中，为税收现代化建设提供保障。张瑞军（2021）[39]指出区块链在出口退税、社保缴费、个人所得税信息共享等方面都有广阔的应用空间。国家税务总局广西壮族自治区税务局课题组（2021）[40]认为区块链技术可彻底解决当前企业税务数据流通面临的侵权难究、流通不畅、安全隐患难除等突出问题。陈立、崔家熙（2022）[41]分析了数字经济背景下区块链技术特点与税收征管现代化要求的匹配度。

（四）区块链技术在税收治理中的应用现状研究

在税收征管方面，白玉明（2018）[42]认为区块链技术可应用于税收征管中流程管理的各个方面，如税务登记、发票管理、税务稽查、税务分析等。程辉（2019）在分析区块链技术对税收征管影响的基础上提出应用区块链技术创新税收征管的发展路径。张志勇（2019）、李大明（2020）[43]认为区块链技术可以有效解决税收征管中的信息不对称和偷税漏税问题，并从法律法规更新、隐私保护、人才技能转化等方面提出了区块链助推税收现代化的发展建议。闫英楠（2020）[44]认为区块链技术应用于税收征管可以改进征管技术、征管模式，提升征管能力，从而推进税收征管的现代化。广东省深圳市国际税收研究会课题组（2020）通过总结区块链技术在电子发票管理方面的实践经验来完善税收征管模式。蔡昌、林森、李梦娟（2021）[45]结合区块链等信息技术构建了数字税收生态系统，并分析了其结合区块链平台的运行机制。

在税收风险管理方面，张晓丽（2018）[46]、王晓玲（2019）[47]、杨雷鸣、朱波和苏宇（2019）提出应用区块链技术创新税收管理模式解决税收欺诈难题，在此基础上提升税收风险管理水平。董志学、张义军和宋涛（2018）[48]、杨杨、杜剑和罗翔丹（2019）[49]认为在纳税流程中应用区块链技术能够对税收规避行为进行源头控制并降低税收风险，分析并提出了在税收管理中应用区块链技术的建设路径和思路框架。楚文海和江爱芳（2020）[50]对我国税收风险管理需求与区块链技术特性之间的契合性进行了分析，探讨了区块链技术应用于税收风险管理的可行性，提出了在我国税收风险管理中应用区块链技术的具体建议。

在税收遵从方面，张之乐（2017）[51]研究了应用区块链技术降低税收遵从成本的机制。在国际税收方面，杰弗里·欧文斯等（2017）[52]、杰弗里·欧文斯等（2018）[53]从国际角度分析了区块链技术在税收领域的应用潜力，如工资、增值税、受益所有人注册、海关和转让定价等领域，并提出了国外其他国家运用区块链服务于税收治理的经验。

（五）区块链技术应用于税收治理存在的问题研究

曹明星、蒋安琦、刘奇超（2018）[54]提出区块链技术在税收领域的应用中面临网络安全与技术可行性、技术发展与监管、区块链透明度与纳税人隐私信息保护等问题，要把防风险摆在突出位置。钟成、张桂茂（2018）认为区块链技术在税务风险管理的应用中受到商业应用、技术、应用环境等方面的挑战。许文、施文泼（2018）[55]、袁娇、陈彦廷和王敏（2018）[56]基于"不可能三角"理论，分析了区块链技术在我国税收管理中应用的优势和局限性及所面临的机遇和挑战。"'互联网+'背景下的税收征管风险管理研究"课题组（2019），从区块链技术本身的不安全性、纳税信息的保密性、数据使用边界不清等方面阐述了区块链技术应用于税收治理所存在的问题。龚永丽、方泽铭（2020）[57]认为区块链技术由于其设计缺陷和固有特性，在税收征管的应用中需要考虑纳税人隐私保护、现有税收法规和税收监管机制的适配性等问题。胡扬（2020）[58]指出当前区块链技术在应用中面临财税领域成熟应用较少、数据处理能力有限、数据安全存在隐患、灵活性不足，冲击政府的管理权威等方面的问题。朱炎生（2020）[59]认为区块链技术应用于涉税信息管理还存在一些问题，如跨境供应链中独立交易各方的身份验证及各国税收管辖权的协调问题、境外厂商在境内的税收遵从问题、相关交易数据的共享问题等，此外，受现行发票机制的影响试点的区块链电子发票难以解决"票实不符"难题。并且区块链技术无法确保实际发生的交易活动与其数字化信息的一致性；区块链技术本身在应用中也可能形成信息孤岛，区块链技术只能确保数据记录的完整准确，而不能对数据进行各种统计和分析。董丽娟（2020）认为税收征管进行区块链技术的推广和应用面临如安全性、去中心化、企业公开数据的意愿、征管机构观念转变等挑战。

（六）区块链技术助推税收治理现代化的对策研究

李哲（2018）[60]基于区块链技术构建了电子发票云平台；陈宇翔等（2018）[61]基于区块链技术设计了带有税收交易场景的税收智能合约。杜莉和郑毓文（2018）深入探索了区块链技术在增值税征管中的应用方案设计，提出构建基于区块链技术的增值税电子发票管理系统、增值税涉税交易记录系统和增值税清算系统的设计构想。王远伟（2018）参照比特币的区块链模式，构建了基于区块链技术的增值税流转系统。董志学等（2018）通过区块链网络中纳税人节点的关系图构建了基于区块链技术的税务监管体系，实现了发票流、资金流、货物流的三流一致。汤晓东等（2018）通过对涉税信息流程的梳理基于区块链技术构建了包括"区块层、合约层、数据层、报告层"的涉税信息平台，提出构建螺旋上升式税收治理框架的思路。曾雪云（2019）[62]提出利用智能合约的自动执行机制实现税费的自动扣缴，对偷税漏税等违法行为进行源头控制。张炜（2019）构建了具有公有网络的联盟链模式的电子发票区块链，通过区块链＋电子发票的全流程管理，有效防止虚开增值税发票，增值税抵扣链条更加准确完整。蔡昌等（2019）[63]设计了一种基于区块链技术的新型税收征管系统，该系统将基础数据、所得税管理、增值税管理和税收宏观调控等几大模块进行整合并集成管理。刘文婕（2019）[64]提出建立海关税收监管一体化系统的设想。杨雷鸣、朱波、苏宇（2019）利用智能合约机制、区块链可追溯性、透明性，构建了区块链税收风险管理系统。任超然（2018）、王娟（2020）[65]构建了基于区块链技术的税收征管模型，分析了企业交易链、税收联盟链、税收治理链、企业信用链等在税收征管中的具体应用。蔡昌、赵艳艳、李艳红（2020）[66]针对数字资产的国际税收治理，构建了区块链框架下的数字资产征税体系。国家税务总局广西壮族自治区税务局课题组（2021）主张构建由税务部门主导，企业、银行和其他政府部门等多方参与的区块链数据资产流通平台，以实现中小微企业税务数据资产化及流通。张瑞军（2021）提出利用区块链构建跨部门、跨组织协作互信的基础设施平台，未来税务部门可以在税务系统内部构建信息共享的私有链，在税务系统外部构建与企业和其他政府部门的联盟链。程前（2022）[67]从法治角度提出了区块链技术嵌入平台经济税收监管实践的具体方案。袁显朋等（2022）[68]设计了以区块链技术为支撑的数字经济税收治理的顶层架构，并构建了基于区块链技术的协同共治的税源管理体系。蔡昭映（2022）[69]提出了应用区块链技术重构税收征管体系的具体路径。崔九九（2022）[70]提出了构建基于区块链技术的税收信用体系的实践路径。蔡昌、郭俊杉（2023）[71]通过建立符合平台经济特点的演化博弈模型，深入分析我国平台经济税收治理中政府和企业的行为选择，提出以信息技术为依托从宏观到微观落实"激励＋监管"的治理新路径全面开展税收生态化治理。

（七）行为财政理论与税收治理研究

国内学者对行为财政理论在税收治理中的应用研究主要集中在税收遵从方面。刘蓉、黄洪（2010）[72]较早对行为财政学的研究进行了梳理和总结。白彦锋、郝晓婧（2018）[73]基于对某市地税局纳税人申报管理实践的行为财政学分析，指出实践中以行为财政学为思路进行税收政策的形式设计，是提升税收政策遵从度和加强税收征管能力建设值得探索的突破路径。崔亚飞、周荣、王婷（2019）[74]基于行为财政视角梳理拓展了税收遵从的研究理论，创新了税收遵从的研究方法及税收遵从的影响因素。刘雯、马万里（2019）[75] 注重税收政策效果和纳税人心理效果的结合，提出纳税人税收心理治理新模式对有限理性纳税人的引导能够提高纳税人税收遵从度，为改革税收征管提供路径与方向。代志新、陈怡心（2021）[76] 梳理了行为财政学中的实验研究方法及其在财政学相关议题中的应用，探讨了行为财政学研究的现实意义和未来研究方向。李文（2021）[77]、王秀芝、曹杰（2022）[78] 从损失厌恶、概率估计偏误、同伴效应、税收伦理、公平偏好、框架效应、文化与习惯等方面解释了纳税人的行为选择和税收遵从。马海涛、白彦锋、岳童（2022）[79]，认为行为财政学的研究方法和分析范式在很大程度上能够解决传统财政学在实践中存在的困惑和难题，对财政学科更具解释力，并探讨了行为财政学理论和方法论的适用性和局限性及其未来的研究和应用前景。

二、国外相关文献

（一）区块链概念研究

对区块链技术的研究最早开始于 20 世纪 90 年代。区块链的逻辑概念在 1991 年斯图尔特·哈伯和 W. 斯科特·斯托内塔撰写的一篇题为《如何标记数字文档块》[80] 的文章中被首次提到，文章描述了一个加密安全的区块网络，用户将文档发送到时间戳服务器以接收时间戳，然后服务器用当前时间戳签署文档，并将该文档链接到之前的文档。2008 年中本聪（Satoshi Nakamoto）[81] 的《比特币：一种点对点式的电子现金系统》最早表明区块链技术的分布式账本可被用于解决互联网上的信任难题。2016 年唐·塔普斯科特（Don Tapscott）[82] 认为区块链技术的本质是一种让买家、卖家、托管人、监管者等关键利益相关者保持记录共享且不可删除的数据库，且这种分布式的数据库比原有方案更靠谱。2016 年阿尔文德·纳拉亚南（Arvind Narayanan）[83] 认为区块链技术是包括分布式账本、去中心的数据存储、智能合约、点对点传输协议在内的一串技术的组合。2016 年英国政府科技办公室在《分布式账本：超越区块链》[84] 的报告中将区块链定义为一种数据库，该数据库把接收到的许多记录打包成一个数据区块，并使用加密签名将每个块与下一个块进行链接，形成像账本一样的区块链，系统中任何拥有相应权限的人都可以共享和确认账本信息。2018 年帕纳雷诺·阿方索（Panarello Alfonso）[85]等认为，点对点网络链接、透明和分布式账本、分类账本的同步复制与分布式矿工核实打码等技术是区块链技术的四项核心技术，除此之外区块链还包括其他关键技术。罗比·胡本（Robby Houben）、亚历山大·斯奈尔斯（Alexander Snyers）（2018）[86]认为区块链是一种分布式分类账技术，这种分布式分类账是指在多个数据存储区（也称为分类账）之间记录和共享数据的方法，每个数据存储区的数据记录完全相同，并由计算机服务器（称为节点）组成的分布式网络共同维护和控制，采用加密方法，并使用特定的数学算法来创建和验证不断增长的数据结构（只能添加数据，不能删除现有数据）采取"交易块"链的形式。美国国家标准和技术研究在 2018 年发布的《区块链技术概述》，从计算机科学的角度定义区块链是无须中心节点提供信任担保的数字化账本。全球最大的区块链行业组织数字商会在 2019 年发布的《区块链国家行动计划》，从技术应用的角度定义区块链是一种去中心化的在线记录保存系统（即账本），系统由计算机网络维护，网络中所有计算机使用已有的加密技术来验证和记录交易。菲利普·法茨（Filip Fatz）、菲利普·哈克（Philip Hake）、彼得·费特克（Peter Fettke）（2019）[87]认为区块链是一个分布式数据库，交易以数据块的形式在对等网络的参与者之间共享和存储，每一个数据块是唯一可识别的，并且参考前面的数据块形成一个块链，其核心功能是在所有参与者之间一致地验证和存储不可篡改的交易，交易是否附加到区块链是由共识机制决定的，如果参与者对提议的交易达成了共识，它就会进入分布式存储。塔希尔·赛义德（Tahir Syed）、贝赫拉·汗（Behraj Khan）（2019）[88]把区块链定义为基于密码学原理（公钥基础设施和哈希函数）的对等（分布式）交易数字分类账。

（二）区块链技术在税收治理中的应用现状研究

皮奥特·巴兰斯基（Piotr Barań ski）（2017）[89]从政府的角度分析区块链技术可用于提升税收遵从度、课征增值税和工薪税、实现转让定价调整以及反税收欺诈等方面。理查德·T. 安斯沃思（Richard T. Ainsworth）、维塔萨里（Ville Viitasaari）（2017）[90]指出工薪税区块链技术可能在 2018—2021

年间将会首次应用在爱沙尼亚、芬兰的政府或美国的私人公司中，助力实现以更低成本的全球薪酬合规管理。贝里希尔（Berryhill）等（2018）[91] 揭示了区块链技术在税收方面有效执法和守法的潜力。迈克尔·罗伯特·霍夫曼（Michał Robert Hoffman）（2018）[92] 认为分布式账本技术可以减少行政负担并以较低成本征税，有助于减少税收流失，并将欺诈行为降至最低。昆汀·沃斯科特（Quentin Warscotte）（2018）[93] 认为增值税的征收和分布式账本技术具有一致性，都是依赖于分布式的个人或节点的网络，因此可以使用区块链以一种可审计的方式高效安全地征收增值税。纳文·乔希（Naveen Joshi）（2018）[94] 认为区块链技术对政府和纳税人都具有应用前景，政府可以使用区块链技术征税以及检查税收欺诈和纳税不遵从行为，纳税人可以使用区块链技术清楚地追踪何种税在何地为何而征。瓦朗蒂娜·P. 维什涅夫斯基（Valentine P.Vishnevsky）、维多利亚·D. 契金娜（Viktoriia D. Chekina）（2018）[95] 认为区块链技术可以为税务当局提供准确、详细和可靠的广谱信息，这就有可能改进对数字产品的征税，如增值税、预扣税、印花税和保险费税等，并提高打击逃税的效率和向纳税人提供服务的质量。

（三）区块链技术应用于税收治理存在的问题研究

理查德·T. 安斯沃思、维塔萨里（2017）认为区块链应用于工薪税管理面临以下问题：一是如何让公司意识到使用区块链的好处，并真正弄清楚如何使用区块链；二是将公司合同转移到智能合同上也将是一大挑战。亚历山德拉·巴尔（Aleksandra Bal）（2018）[96] 指出区块链技术在海关领域应用的问题在于只有各利益相关方（贸易商、职业经理人、港口、海关当局）协调一致才能使基于区块链技术的海关系统全面运行。瓦朗蒂娜·P. 维什涅夫斯基、维多利亚·D. 契金娜（2018）认为区块链应用于税收领域的风险和威胁主要包括监管风险（立法方面的漏洞、缺乏在受监管环境中实施大规模区块链项目的经验）、技术风险（带宽问题、处理交易的延误、数据传播的规模和速度问题、"51% 攻击"的威胁、版本之间的差异和确保多个链的兼容性问题）、社会厌恶风险（涉及将基于区块链和加密货币的货币用于犯罪目的的可能性）等。迈克尔·罗伯特·霍夫曼（2018）认为建立基于区块链的税制还面临着诸多问题，如法律框架要求的隐私和分布式账本设计原则要求的透明度之间的内在权衡；分布式账本技术缺乏互操作性和行业标准；区块链上数据的不可篡改与在处理商业交易、纠纷和退款时难免会发生错误之间的矛盾等。尼克·韦伯（Nick Webb）（2018）[97]指出美国国税局认为由于加密货币的匿名性和无须中间担保人（比如银行或政府），美国纳税人可能会依赖知名度的下降来逃避政府机构的监管，从而助长了逃税行为；此外区块链硬分叉及其副产品与所得税法不相容，可能引发有关突然意外收入的税收处理问题。昆汀·沃斯科特（2018）认为用区块链技术解决增值税欺诈问题面临的现实主要是现有的增值税系统的复杂性，以及如何让纳税人系统与分布式账本网络有效互动。迈克尔·D. 查塔姆（Michael D. Chatham）、托马斯·K. 邓肯（Thomas K. Duncan）（2019）[98]认为复杂的税收政策可能会阻碍区块链技术的发展，使其在应用中难以发挥应有的效率，并指出由于存在加密货币的逃税问题，多数人认为区块链只不过是一个逃避税收和政府监督的有效工具。萨拉吉和塞蒂沃蒂（Saragih、Setyowati）（2019），指出区块链技术在税收管理现代化领域的使用受到基础设施、区块链技术的相关能力和政府政策等因素的影响。

（四）区块链技术助推税收治理现代化的对策研究

安斯沃思（Ainsworth）、安德鲁·沙克（Andrew Shact）（2016）[99]提出了一套增值税区块链技术运行系统的欧盟实践方案，来解决增值税欺诈问题。海瓦里宁（Hyvarinen）等（2017）[100]提出利用基于区块链系统的单一的真相点打击由股息税伪造退税申请引起的金融欺诈。维贾亚（Wijaya）等（2017）[101]构建了一个由税收管理当局操作的包括分布式的数据存储、分布式的信息交换、分布式审计和税收支付系统的基于区块链的增值税系统架构来防止税收欺诈。全球税收政策中心（Global Tax Policy Center）（2017）针对国际反逃避税问题，提出基于区块链技术创新转让定价方法，为逃避税行为提供一项基于智能合约的自主执行的技术性解决措施。迈克尔·罗伯特·霍夫曼（2018）认为采用全球通用的许可区块链能够增强税收操作流程的透明度并降低操作流程的复杂性，提出利用许可区块链系统来减少全球税务当局的税收损失。赖斯威克（van Rijswijk, L.）（2019）[102]采用了一种探索性的场景规划方法，基于不确定性模型，分析了每种情形下分布式账本技术对社会和2025年税收的潜在影响，并在战略讨论的基础上，探讨了分布式账本技术如何影响税务部门的内部组织和税收过程的可能性，以及税收机构如何为未来各种可能的结果做好准备。艾哈迈德·阿尔霍德雷（Ahmad Alkhodre）等人（2019）[103] 基于区块链技术的特点：透明、不可篡改的分布式分类账、智能合约自动执行交易，提出利用区块链技术为沙特阿拉伯设计增值税（VAT）系统的想法。菲利普·法茨（Filip Fatz）、菲利普·哈克（Philip Hake）、彼得·费特克（Peter Fettke）（2019）[104] 在增值税背景下通过在概念、应用程序架构、执行等几个层面设计使用区块链技术对税收流程进行分散验证，将税收遵从整合到业务流程中，确保在业务流程中促进税收遵从。西迪卡（Ayesha Siddika）等（2020）[105] 利用区块链技术设计并开发了一个税务交易的数字税收系统，在系统中用户通过执行智能合约得知他们需要支付的税额，采用 POA 共识算法验证交易，在加密货币的帮助下，交易实时进行，显著降低了出错、欺诈、双重支付和伪造的风险，确保用户与税务部门进行安全、快速的税务交易。米拉·塞普里亚娜·塞蒂奥瓦蒂（Milla Sepliana Setyowati）等（2020）[106] 深入研究了区块链技术模型如何应用于增值税系统，特别是在电子发票方面，提出仅对不需要隐私的纳税人数据建立许可的私有区块链类型来提高增值税系统的透明度、准确性和数据安全性。菲利普·法茨、菲利普·哈克、彼得·费特克（2020）[107]，在概念上设计了一个分布式的保密性的税务文件交换系统，该系统用零知识证明实施可公开验证的税务文件合规检查，来解决区块链税收系统中透明度与保密性之间的矛盾。

（五）行为财政理论与税收治理研究

国外学者对行为财政学的研究较早，麦克卡弗里（Mc Caffery）、斯莱姆罗德（Slemrod）（2004）[108] 最早提出了行为财政理论，韦伯利（Webley）等（2004）[109] 提出了基于行为财政的税收遵从模型。科齐勒（Kirchler E）、霍尔茨尔（Hoelzl E）、瓦尔（Wahl I）（2008）[110]，通过"滑坡模型"从税收监管和信任两个维度及其交互作用，研究了税收遵从问题。法勒（Farrar）、金（King）（2022）[111] 运用行为财政的前景理论分析了纳税人是否偷逃税款的决策依据。

三、文献述评

综上可见，区块链技术为涉税信息管理、税源管理、发票管理、纳税信用管理、税收遵从等领域提供了新的发展方向，也为推动我国税收治理的现代化提供了机遇。现有相关文献解决了区块链技术在税收领域的功能拓展和概念性设计的问题，并且对区块链技术的概念、原理、特征的研究相对比较成熟，为本书提供了一定的基础，但仍存在如下不足：

在结构上，一是已有文献关于区块链技术与税收治理的分析构架具有碎片化特点，只是单纯地就区块链技术和税收治理的一些问题在研究，没有一套完整的理论体系支撑，缺乏利用区块链技术实现税收治理现代化的总体技术框架；二是少有文献根据新时期税收治理现代化的基本内涵，系统地分析区块链技术在税收治理中的应用前景，并基于区块链技术构建税收治理现代化体系。

在研究内容上，一是近年来区块链技术作为一项新兴的现代信息技术仍处于生命周期的萌芽阶段，现有研究大多仅关注技术方法和应用领域的拓展，聚焦于技术本身而缺乏理论与实践的有机结合，使得区块链技术税收应用的相关研究较为匮乏；二是对区块链技术在税收领域如何有效应用，以及具体适合哪些税种、在哪些方面应用才能实现税收治理的现代化等问题上缺乏充分了解；三是现有文献大多把现在税收治理中存在的问题和区块链特性之间的契合性进行分析，很少有文献从治理和应用价值的角度分析区块链在税收治理的应用中存在的问题及未来区块链在税收治理的应用中面临的挑战，并且写税收治理的少，也不成体系，写征管的比较多，具体的对策大多很类似，也只是分析了区块链可以在哪方面应用，而具体怎样用则缺乏科学可行的应用方案；四是尽管从传统经济学角度对税收治理现代化问题的研究进展很快，已经有许多学者就如何利用区块链技术来改善税收管理进行了研究，但大多数研究仅限于理论分析，实证分析很少，缺乏对区块链技术应用于税收治理的经济影响的实证研究。特别是从行为财政视角使用博弈分析法量化分析区块链技术应用于税收治理的经济影响的实证研究成果几乎为空白，截至 2023 年 6 月仅有上述蔡昌、郭俊杉（2023）研究平台经济的成果使用了博弈分析方法，且该成果并未研究区块链技术在税收治理中的相关问题。为此，本书将从行为财政视角利用伯特兰德博弈模型，对区块链技术在税收治理中的经济影响进行研究，填补目前研究的空白领域。

在研究方法上，现有文献的研究方法普遍比较单一。自 2019 年以来大量的研究停留在技术和税务相关的理论层面，缺乏跨学科研究和实证研究，截至 2023 年 6 月尚无文献采用行为财政分析法和博弈分析法，通过构建博弈模型量化区块链技术应用对税收治理的经济效应，从征纳双方互动的角度来分析区块链技术的应用对税收治理主体行为选择的影响。由于区块链技术能够影响到社会生活的方方面面，所以未来以信息技术、心理学、密码学等多学科合作的跨学科研究方法在区块链研究中十分重要。

在研究视角上，现有文献在研究税收治理时大多仅以传统的西方经济学的完全理性的经济人假设为理论分析基础，来分析如何实现纳税人和税务机关的利益最大化，忽略了现实中税收行为关系人的心理因素、社会属性等方面因素对税收决策的影响。但实际中人们的行为并不完全符合理性人假设，截至 2023 年 6 月尚无文献从税收征纳双方行为动机的视角来分析如何应用区块链技术来提升税收治理现代化水平的。

针对已有文献研究的缺陷，本书基于行为财政视角，结合区块链技术的发展和新时代税收治理现代化体系的内涵，重点研究以下问题：第一，分析行为财政视角下的区块链技术与税收治理；第二，行为财政视角下区块链技术在税收治理中的应用现状、经济影响、存在问题、应用前景及局限；第三，提出行为财政视角下利用区块链技术提升我国税收治理现代化的具体方案。

第四节　研究内容、思路与方法

一、研究内容

本书基于行为财政视角研究如何应用区块链技术来提升我国税收治理现代化，研究内容分六部分，依次继起、环环相扣，具体研究框架如下：

（一）导论

重点介绍选题背景、研究意义及目的，对国内国外文献中关于区块链技术、税收治理现代化以及两者之间的契合性进行了梳理，在此基础上进一步确定了研究内容、思路和方法。

（二）相关概念界定及理论基础

在明确区块链技术与税收治理现代化基本内涵的基础上，系统梳理应用区块链技术助推我国税收治理现代化的相关理论支点，包括交易成本理论、税收效率理论、信息不对称理论和行为财政中的税收治理与税收遵从理论。

（三）行为财政视角下区块链技术与税收治理的逻辑关系

第三章是本书的逻辑起点和基础支撑。首先借助于行为财政学的税收遵从理论，从行为财政视角分析了数字经济背景下区块链技术的应用对征纳双方行为的改变；其次基于有限理性条件下的前景理论，建立区块链技术下征纳双方的互动行为模型，分析得出区块链技术下征纳双方互动行为的新的均衡以及模型均衡时影响征纳双方决策的因素。

（四）行为财政视角下区块链技术在我国税收治理中的应用和经济影响

重点从发票管理、税务信息化建设、税收营商环境改善等方面介绍了当前区块链技术在我国税收治理中的应用情况，然后基于增值税系统建立伯特兰德博弈模型，并以邯郸市大众汽车市场的销售情况为例对模型进行算例分析，研究了区块链技术应用对税收治理相关实体的经济影响，最后根据实证研究结论，基于税收治理五大体系并结合行为财政中征纳双方互动行为模型均衡时影响征纳双方决策的因素，分析了当前区块链技术在税收治理应用中存在的问题，如区块链应用的相关法律缺失、区块链电子发票尚未全面推开、纳税服务业务流程尚需改进、跨国涉税数据交流和共享机制尚未建立、"区块链＋税务"的复合型人才缺乏等。

（五）行为财政视角下区块链技术应用于我国税收治理的前景和局限性

结合区块链技术的发展从行为财政视角探析了其在我国税收治理中的应用前景，并探讨了其未来应用于我国税收治理可能存在的局限性。

（六）行为财政视角下应用区块链技术提升税收治理现代化的方案

第六章是本书的最终落脚点，从行为财政视角对区块链技术应用于税收治理进行研究，根本目的在于探求更加符合国家治理体系和治理能力要求的税收治理的路径、模式及方法，以求实现税收治理的现代化。鉴于区块链是一项新技术，自2019年以来，全球主要国家都在加快布局区块链技术，不断探索升级区块链落地场景和应用模式，促进税收治理中区块链技术的创新应用和融合发展，占据区块链技术在税收治理中的创新"制高点"。故而本章第一节首先总结了国外应用区块链技术提升税收治理现代化的经验借鉴，以期来完善区块链技术在我国税收治理中的应用，推动我国税收治理的现代化；其次，本章针对区块链技术应用于我国税收治理存在的问题及未来可能面临的挑战，并基于区块链技术下征纳双方互动行为模型的新的均衡，从税收法治体系、税收征管体系、税收服务体系、国际税收体系、税收人才和组织体系等方面提出行为财政视角下应用区块链技术提升我国税收治理现代化的方案。

二、研究思路

本书在系统梳理和分析国内外关于区块链、税收治理现代化以及两者之间关系的相关文献的基础上，进一步确定了研究内容、思路和方法，形成了"理论分析—实践解析—对策研究"的研究思路。

首先是基本概念界定和理论分析基础。本书第二章在明确了区块链技术及税收治理现代化概念的基础上，结合行为财政及税收治理现代化的相关理论，形成本书分析的理论基础。第三章从行为财政视角分析区块链与税收治理的逻辑关系，基于行为财政的税收遵从模型，分析数字经济背景下区块链技术的应用对纳税人和征管机构行为的改变，并在此基础上建立征纳双方遵从互动行为模型，进而找到模型的新的均衡以及均衡时影响征纳双方决策的六大因素，并以此为本书的逻辑分析起点，搭建了行为财政视角下应用区块链技术提升我国税收治理现代化水平的理论分析框架。

其次是应用实践的解析与探索。第四章首先总结了截至 2023 年区块链技术在我国税收治理中的应用情况，然后通过构建基于增值税系统的伯特兰德博弈模型并以邯郸市大众汽车市场的销售情况为例对模型进行算例分析，研究了区块链技术应用对税收治理的经济影响，在此基础上，基于税收治理五大体系及行为财政中税收治理互动行为模型均衡时影响征纳双方决策的六大因素，分析了区块链技术在税收治理应用中存在的问题。第五章探索了未来区块链技术在我国税收治理中可能的应用前景和局限性。

最后是应用方案的提出。第六章在借鉴国外"区块链＋税务"的经验与启示的基础上，从税收法治体系、税收征管体系、纳税服务体系、国际税收体系、税收人才和组织体系几个维度提出行为财政视角下应用区块链技术提升我国税收治理现代化的具体方案。本书研究的技术路线如图 1-1 所示：

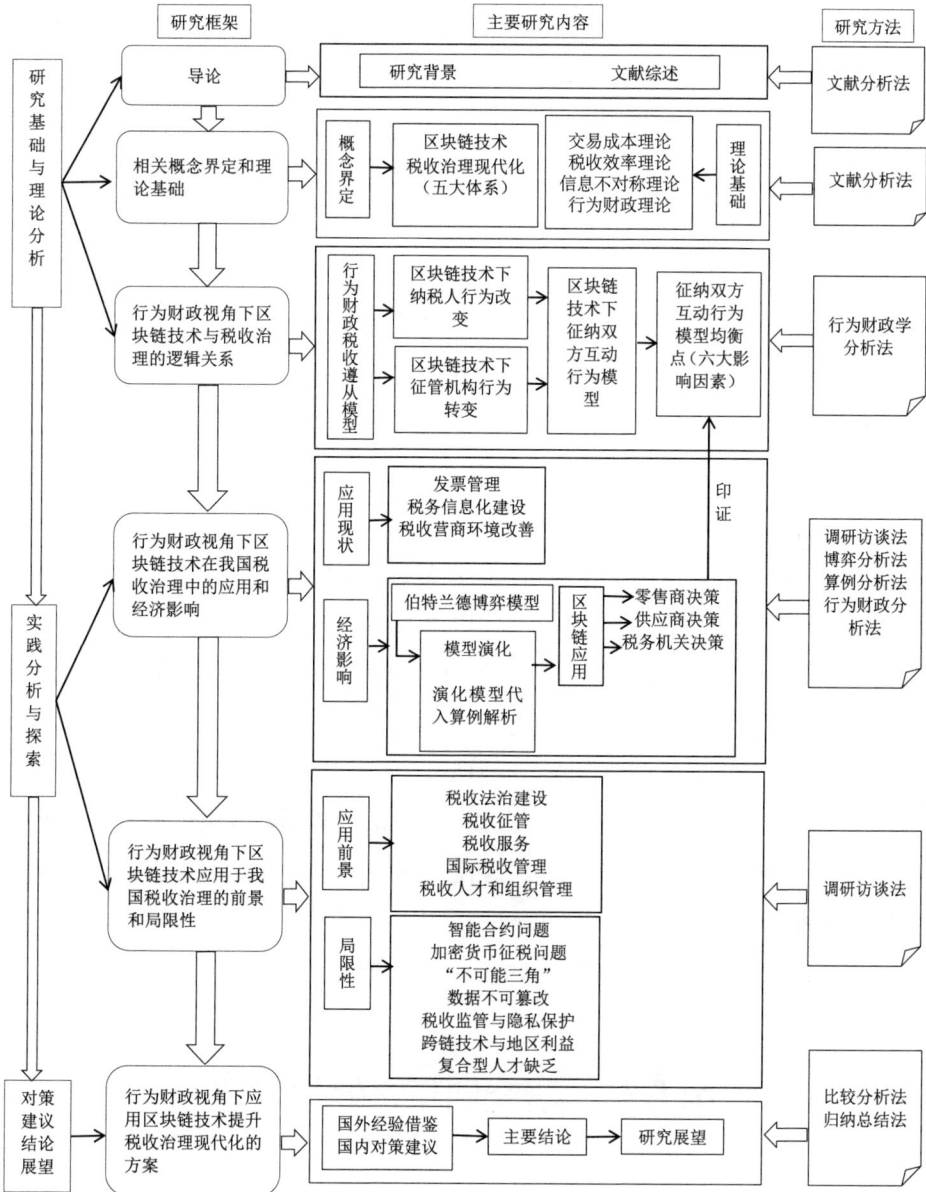

图1-1　研究技术路线图

（资料来源：作者自制）

三、研究方法

本书采用的研究方法主要有：文献分析法、行为财政学分析法、博弈分析法、调研访谈法、算例分析法、比较分析法、归纳总结法。采用文献分析法，通过查找相关文献界定了区块链技术及税收治理现代化的相关概念，提炼出区块链技术的优势和在数字经济下我国税收治理面临的技术瓶颈，对二者的契合度进行分析，明确研究的合理性。采用行为财政学分析法，通过构建税收遵从模型，探讨了区块链下纳税人、税收立法者、税收征管者的行为改变，通过构建征纳互动行为模型，找到行为财政中影响征纳双方决策的六大因素。采用博弈分析法，通过构建伯特兰德博弈模型研究了区块链技术应用对我国税收治理的经济影响。采用调研访谈法，通过实地对税务工作人员和区块链领域的专家的调研，了解区块链技术在税收工作中的应用和发展情况，全面地概括出区块链技术在税收治理的应用中存在的问题，分析区块链技术在我国税收治理中的应用前景及面临的局限性，为税务部门提出建议，这也有助于提高税务工作人员的工作效率。通过对邯郸市税务局征收管理科的调研访谈，获取邯郸市区内八个大众汽车销售网点销售情况的相关数据，为伯特兰德博弈模型的算例分析提供数据基础。采用算例分析法，在模型分析的基础上，量化区块链技术应用对税收治理相关主体的经济效应，以便更科学客观地描述区块链技术应用对我国税收治理的经济影响。采用比较分析法，对比自区块链诞生以来国内外区块链应用于税收治理的尝试，借鉴国外相对成熟的经验，为推动我国税收治理体系的现代化提供指导。采用归纳总结法，总结全文主要研究结论。

第五节　研究创新之处与不足

一、创新之处

（一）研究方法的创新

运用行为财政学方法，构建税收遵从模型，探讨了区块链技术的应用对纳税人、税收立法者、税收征管者行为选择的改变。使用博弈论分析法建立了区块链下伯特兰德博弈模型，研究了区块链技术的应用对我国增值税治理的经济影响，然后基于这些改变提出区块链技术应用于税收治理现代化的方案。采用算例分析法，在模型分析的基础上，基于邯郸市大众汽车销售数据量化分析了区块链技术应用对我国税收治理的经济影响。

（二）研究视角的创新

传统财政学对税收治理的研究主要是基于理性人假设，很少考虑纳税人和政府决策的心理因素和认知偏差，以及征纳双方相互作用的社会环境。虽然自2020年以来行为财政学在我国仅处于起步阶段，但鉴于其对现实问题的强大解释力及其在我国政府决策中的"不自觉"应用，本书基于行为财政视角来研究区块链技术在税收治理中的应用，能够更切实际地解决税收治理中的现实问题，也能更好地发挥对政府决策的引领作用，推进税收治理的现代化。

（三）研究内容的创新

首先，本书基于区块链技术在增值税征管流程中的应用建立伯特兰德博弈模型，并基于邯郸市大众汽车销售数据对模型进行算例分析，研究了区块链技术的应用对相关实体的经济影响，以及这些实体可能采取的策略。本书从行为财政视角使用博弈分析法对区块链技术应用于税收治理的经济影响进行实证研究，填补了目前研究的空白领域。其次，我国将区块链技术运用于税收治理尚处于探究阶段，一些地区税务部门虽已经实施，但也基本处于试点阶段。本书以行为财政视角下利用区块链技术提升我国税收治理现代化为研究对象，在依次分析了区块链技术在我国税收治理中的应用现状、经济影响、存在问题、区块链技术与税收治理的关系、应用前景和挑战、国外经验与启示等方面的基础上，设计一整套基于区块链技术的税收治理体系并在整体上构建智慧税务生态系统，在设计构想和研究方向上具有前瞻性，符合未来税收治理的发展趋势，符合我国"区块链＋税务"政策的发展理念，符合数字经济背景下税收治理现代化的发展方向，具有鲜明的适用性。

（四）研究思路的创新

本书首先归纳了税收治理体系的五大内容，又基于行为财政的分析找出了区块链技术下影响税收治理的六大因素，之后行为财政视角下区块链技术在税收治理中应用的现状、经济影响、问题、前景、挑战及方案都是基于以上税收治理的五大体系和六个影响因素进行对照分析和提出，前后构成了一个联系紧密的完整逻辑架构。

二、研究不足

首先，由于现阶段区块链技术在我国税收治理方面的应用仍处于探索时期，仅在一些地区税务领域的某些方面进行试验试点且时间较短，尚未在全国推开，相关数据尚无披露，因此本研究无法采用面板数据进行经济学计量分析。其次，由于截至 2023 年 6 月区块链技术的应用场景有限，且公开的实务操作资料较少，因而本书提出的区块链技术应用于税收治理现代化的方案设计的有效性，仍需在实践中具体评估、不断检验，逐步完善。

第二章 相关概念界定及理论基础

党的十九届四中全会以来，以人工智能、大数据、区块链等为代表的新技术正在驱动人类社会全面数字化转型，随着国家治理现代化的加速推进，税收治理现代化也被与时俱进地赋予了新的内涵。在新的经济形势下，研究如何利用区块链技术助推税收治理现代化的前提是界定区块链和税收治理现代化的内涵，关键在于明确区块链与税收治理现代化之间的理论联系。本章在界定区块链和税收治理现代化概念的基础上，通过系统梳理与税收治理相关的经济理论、行为财政理论，为应用区块链技术提升税收治理现代化的进一步分析提供理论支持。

第一节 相关概念界定

一、区块链技术

区块链在创建之初因其作为比特币的底层技术而广为人知。截至 2023 年，比特币仍然是区块链技术最成功、最成熟的应用。尽管对于比特币的争议重重，但作为其底层架构的区块链技术却带来了一种新的经济理念、经济组织形式和交易范式，也为人类社会及其经济组织的运行方式带来了颠覆性变化。

（一）概念

从字面上理解，区块链是由"区块"和"链"组成，简言之就是一个又一个区块以某种方式组成的链条。区块可以理解为一个由交易生成的小账本，交易是账本的更改过程，一批交易构造一个区块，用计算机命令打开区块后就会发现，该区块记录了某一时间段内发生的所有交易。块和块之间形成链，链就是交易之间的顺序关系，由区块链上的共识确定下一个块是哪一块。交易一开始发出时是未确认的，即没有入账，通过公示之后，交易就被确认，记录到账本上，交易会被一条一条确认，确认的交易被记账节点记账。所有区块按照各自产生的时间顺序连接在一起就是"区块链"，形成一个总账本，并保存在所有的服务器中，每个服务器作为区块链系统中的节点，为整个区块链系统提供存储空间和算力支持，只要整个系统中有一台服务器可以工作，即可保证整条区块链是安全的。因此，区块链技术就是由一组互不信任的记账节点共同维护相同的账本，并确保交易相同且有序，其本质是一种分布式账本技术。

狭义的区块链技术是由一种按时间顺序连接的数据块组成的链式数据结构，并以加密方式保证防篡改和不可伪造的分布式账本技术。广义的区块链技术是一种全新的分布式基础设施和计算范式，使用块链式数据结构验证和存储数据、使用分布式节点共识算法生成和更新数据、使用密码学保证数据传输和访问的安全性、使用由自动化脚本代码组成的智能合约对数据进行编程和操作。从技术层面来看，区块链技术是基于共识机制、去中心化的公开数据库，由许多对等的节点组成，通过共识算法保证区块数据和交易数据的一致性，从而形成一个统一的分布式账本。从价值层面来看，区块链技术是一个价值互联网，用于传递价值。

（二）类型和特点

1. 区块链技术的主要类型

区块链技术的核心是共识，根据其达成共识的方法和开放程度的不同，区块链目前主要分为：私有链、联盟链、公有链三种（见表 2-1）。三种链的特点不同（见表 2-2）各有侧重，应用场景和实现的功能不同，基于此形成的经济生态模式也不同。公有链是完全去中心化策略，无中心服务器，任意节点，任意时间都可以加入和退出，节点之间基于共识机制开展工作，开放给所有互联网用户的去中心化分布式账本；私有链是由单一的信任中心完成共识，可以通过分布式方式保证数据可靠，仅对该实体内部开放；联盟链是一个组织内的节点构造去中心化的系统，组织通过投票的方式去中心化，相互牵制，一般由几个机构共同发起，介于公有链和私有链之间兼具部分去中心化特性的一种账本结构。在联盟链中，节点总数固定，只要恶意节点的数量不超过总数量的 1/3，通过 3 轮投票就可以找到恶意节点，并达成共识。在公有链中，节点总数不固定，用抽签方式可达成共识。

表 2-1 共识与区块链分类

达到共识的方法	区块链的类型
有信任节点的中心共识	私有链
没有信任节点的投票共识	联盟链
没有信任节点的抽签共识	公有链

资料来源：作者自行整理汇总。

表 2-2 不同类型的区块链特点对比

	私有链	联盟链	公有链 1.0	公有链 2.0	公有链 3.0
参与者	个体或机构内部	联盟内部使用，授权节点	任意节点	任意节点	任意节点
记账者	自定	协商决定	所有参与者	所有参与者	所有参与者
中心化程度	中心化	去中心化	去中心化	去中心化	去中心化
信任机制	自行背书	集体背书	POW	POW/POS	POS/DPOS
激励机制	无须	可选	需要	需要	需要
典型应用场景	机构内不对外提供服务的区块链应用和研究	行业、组织、联盟等进行数据资源交互和交易的去中心化的共识机制	线上的交易记账	线上的基于公链的各种 Dapp	线上的基于公链的各种 Dapp
典型代表	审计、发行	支付、结算	比特币	以太坊	EOS 及其他
承载能力	1000-10 万笔/秒	1000-10000 笔/秒	少于 10 笔/秒	几十笔/秒	百万笔/秒
突出优势	交易速度快隐私保护好	效率/成本/安全	密码学账本信用自建，无授权参与	支持智能合约，Dapp 应用开发，具有平台化特点	支持多种编程语言编写 Dapp，交易速度更快

资料来源：作者自行整理汇总。

2. 区块链技术的主要特点

第一，分布式、去中心。区块链是一个由许多节点共同组成的点到点网络，网络中各节点的权限对等，没有中心管理机构和设备，全网所有节点共同记录和维护数据。区块链对数据的记录、传播和存储都是分布式的，分布式的点对点传输系统把重要的信息分散到区块链当中的每个参与者手中，所有参与者都能够共享相同的数据，使其具有去中心化的特点，解决了原来中心化记账可能存在的单点故障风险、安全性风险、道德风险等问题。

第二，不可篡改、可追溯。不可篡改意味着上传至区块链网络的信息将被永久存储且不可更改，如果要修改区块链中的信息，必须征得系统中半数以上节点的同意并修改所有节点中的信息，否则仅仅修改单个甚至多个节点的数据无法影响到整体数据，而这些节点通常掌握在不同的主体手中，因此篡改区块链中的信息是一件极其困难的事。区块链用哈希算法、时间戳技术、公私钥非对称加密算法进行点对点信息传递，保障了区块链上记录的所有交易数据安全、一致，使其不可伪造，不可抵赖、不可篡改。块链信息的不可篡改性极大地提高了数据操作的稳定性和安全性。区块链中的每笔交易都通过密码学方法与相邻区块串联并加盖时间戳，因此任何一笔交易均可追溯其前世今生。

第三，系统开放、高度透明。区块链系统是一个开放的系统，任何人均可参与，每台设备均可作为一个节点，每个节点都允许拷贝一份完整的数据库。区块链的数据及运行规则对系统中所有节点均透明可见，任何人都可以通过整个网络的公开接口对链上数据的记录和流动进行查询、跟踪和标记，因此高度透明。基于区块链系统的透明性，区块中除交易双方个人信息等敏感数据会被加密无法正常读取外，所有信息对所有访客开放，用户可以通过相应接口来查询和访问区块链系统中的相关数据和记录。区块链系统的透明度影响了区块链系统的开放性，两者是相辅相成的。

第四，去信任、匿名。区块链基于密码学原理和共识算法的运作方式，解决了各参与节点的信任问题，从而实现了数据信息的匿名传输。每个参与节点根据预先确定的算法执行操作，节点与节点之间的数据交互无须相互信任，因此在信息传递的过程中交易节点之间无须公开身份即可完成整个交易过程。系统中每个节点都是匿名的，确保了交易双方的隐私安全。

3.区块链技术的系统架构及运行机制

（1）区块链技术的系统架构

区块链系统由数据层、网络层、共识层、激励层、合约层和应用层组成（见图 2-1）。交易通过整个系统得以实现并生成区块，添加上链。当一个网络节点发起交易时，该节点首先需要把所有交易信息打包成一个"数据块"，并运用哈希函数对所有交易信息依次哈希以获得代表所有交易总摘要的梅克尔根，然后，把这个新块以加密形式向网络广播，以便交易细节不会公开。这些广播出来的交易需要经过矿工[①]的验证，其他网络节点根据预定的"共识机制"来确认块的矿工，矿工通过验证发送者的数字签名来确定块的有效性。得到验证后，这个存有交易信息的新"块"即可被添加到区块链上并加盖时间戳，成为一条永久而透明的交易记录。在激励层，挖矿成功的矿工会获得奖励。在合约层，交易通过智能合约自动执行，交易完成。

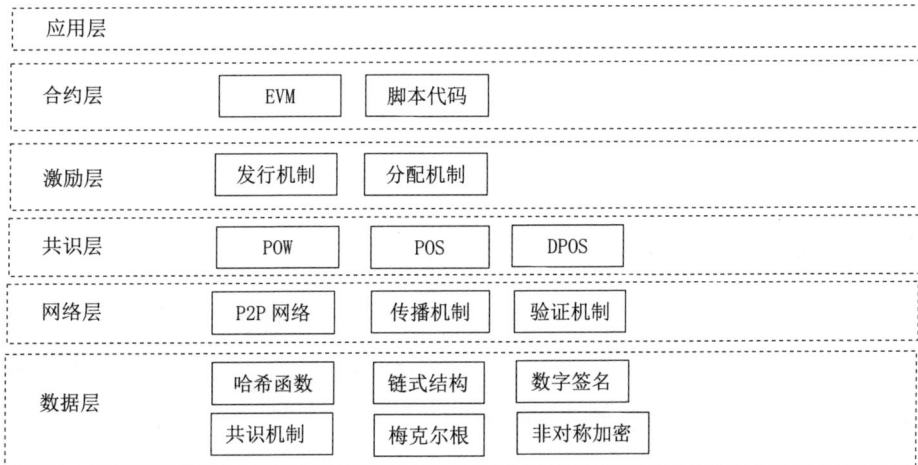

应用层			
合约层	EVM	脚本代码	
激励层	发行机制	分配机制	
共识层	POW	POS	DPOS
网络层	P2P 网络	传播机制	验证机制
数据层	哈希函数　　链式结构　　数字签名　　共识机制　　梅克尔根　　非对称加密		

图 2-1 区块链技术的系统架构

---

① 区块链系统中，创建区块的过程叫作"挖矿"，参与挖矿过程的用户则被称为"矿工"。

（2）区块链技术的运行机制

区块链的运作原理（见图 2-2）可用于任何类型的价值交易，并且任何可以以数字形式表示的资产都可应用。如图 2-2 所示，网络中用户 A 和 B 之间发生一笔交易，假设用户 A 想转移一笔资金给用户 B，该笔交易在网络上以一个"区块"为代表，那么 A 首先必须用自己的私钥（仅他自己知道）对这个交易进行数字签名，并将交易地址设置在 B 的公钥上，即 B 在区块链网络上的地址。然后 A 将该区块广播给网络里的所有参与者，由网络中的节点进行验证。网络节点用 A 的公钥来验证 A 的签名。如果 A 的签名有效，网络将处理这笔交易，将这个块加入到链中，并将资金从 A 转移给 B。

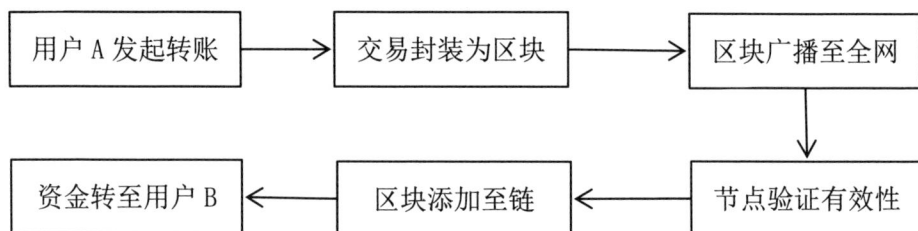

```
┌──────────────┐      ┌──────────────┐      ┌──────────────┐
│ 用户A发起转账 │ ───> │ 交易封装为区块 │ ───> │ 区块广播至全网 │
└──────────────┘      └──────────────┘      └──────────────┘
                                                    │
                                                    ▼
┌──────────────┐      ┌──────────────┐      ┌──────────────┐
│ 资金转至用户B │ <─── │ 区块添加至链 │ <─── │ 节点验证有效性 │
└──────────────┘      └──────────────┘      └──────────────┘
```

图 2-2　区块链的运作原理

资料来源：Robby Houben, Alexander Snyers, Cryptocurrencies and Blockchain: Legal context and implications for financial crime, money laundering and tax evasion[M]. Study Requested by the Tax3 Committee, July 2018.

4.区块链技术的发展和应用

（1）区块链技术的发展

从技术发展的角度看，区块链大致经历了三个阶段，即区块链 1.0、区块链 2.0、区块链 3.0（见表 2-2），这三个阶段分别对应着区块链应用范围的不断扩展，即从单纯的密码学记账方法，到附加智能合约支持其他应用开发，再到在技术和性能上能够支持大规模商业应用阶段。区块链技术在我国自 2018 年开始进入 3.0 阶段，目前仍处于起步阶段，中央和全国各地为鼓励区块链技术发展，不断出台相关政策文件（见表 2-3），积极探索区块链技术在各领域的应用。据统计，2020 年国家各部委、各省级政府及省会城市发布的与区块链技术相关的政策、法规、方案、文件 200 余份。

表2-3　中国区块链发展相关文件一览表

时间	出台文件	主要内容
2016年10月	工业和信息化部发布《中国区块链技术和应用发展白皮书（2016）》	首次作出区块链行业发展政策指引
2016年12月	国务院关于印发"十三五"国家信息化规划的通知（国发〔2016〕73号）	首次将区块链技术列入国家信息化规划，并将其定位为战略性前沿技术
2017年10月	国务院办公厅印发《关于积极推进供应链创新与应用的指导意见》（国办发〔2017〕84号）	要求深入研究并利用区块链等高新技术实现传统行业与新一代信息技术的深度融合，探索构建相应的信用评价机制
2018年5月	工信部信息中心正式发布《2018年中国区块链产业发展白皮书》	这是国内第一份官方发布的区块链产业白皮书
2019年2月	国家互联网信息办公室令第3号《区块链信息服务管理规定》正式施行	规范了我国区块链行业发展所发布的备案依据，意味着我国对于区块链信息服务的"监管时代"正式来临
2019年10月	中共中央政治局第十八次集体学习重要讲话	习近平总书记提出"我们要把区块链作为核心技术自主创新的重要突破口，明确主攻方向，加大投入力度，着力攻克一批关键核心技术，加快推动区块链技术和产业创新发展。"[①]
2019年11月	工信部网站发布《对十三届全国人大二次会议第1394号建议的答复》（工信建议〔2019〕253号）	推动成立全国区块链和分布式记账技术标准化委员会，体系化推进标准制定工作
2020年4月	国家发展改革委召开例行新闻发布会	区块链技术被国家发展改革委纳入"新基建"范围
2021年6月	工业和信息化部、中央网络安全和信息化委员会办公室联合发布《关于加快推动区块链技术应用和产业发展的指导意见》（工信部联信发〔2021〕62号）	促进区块链和经济社会深度融合。到2025年，区块链产业综合实力达到世界先进水平，产业初具规模。到2030年，区块链产业综合实力持续提升，产业规模进一步壮大。区块链与互联网、大数据、人工智能等新一代信息技术深度融合，在各领域实现普遍应用

资料来源：作者自行整理汇总。

---

① http://www.xinhuanet.com/politics/leaders/2019-10/25/c_1125153665.htm.

（2）区块链技术的应用价值

一是区块链使低成本的信用创造成为可能，重建经济和社会的信任体系。二是区块链的透明性减少了信息的不对称性，提升资源的优化配置效率。三是区块链避免了对中心化组织机构的依赖，优化了组织结构和业务流程。四是区块链不可篡改的特性简化了信息的处理流程，降低了欺诈风险。五是区块链数字化的特征实现几乎所有文件和资产都以代码形式上传至区块链，使未来的经济成为可编程的经济。六是区块链开创了新一代价值互联网体系，将变革和升华各行业的商业模式，驱动新型商业模式的诞生。

（3）区块链技术的应用原则

区块链技术的应用要考虑以下原则：一是市场合适。应用选取需要在一些目前没有解决方案或者不完善不成熟的领域；二是需求驱动。有明确的需求动力，不能为用而用；三是信任借力。不要摒弃现有的信任机制，借力中心化机构的公信力；四是关注监管。区块链应用不能与国家政策法律相抵触，架构设计中应留有监管接口。

（4）区块链技术的应用模式及适用条件

区块链技术在赋能实体经济发展和造福社会民生中主要利用溯源、互信、同步等应用模式，来解决金融、公益、监管、打假等很多领域的痛点难点。但实践中区块链技术的落地应用也有不少适用条件。比如，区块链技术去中心化的特点适合多方参与的场景，如果只是单边或双边参与价值就不大。由于需要每个节点都去核对，区块链技术也不适用那些高频交易的活动。再如，区块链强调的是公开透明，并不适合对数据隐私要求特别高的场景。

二、税收治理现代化与税收治理体系

税收与国家有着天然的联系。国家由税收供养，税收是国家治理的物质基础。税收治理体系是国家治理体系的重要组成部分，税收治理能力是国家治理能力的重要体现。现代化的税收治理是优化资源配置、维护市场统一、促进社会公平、实现国家长治久安的制度保障。没有税收治理现代化，就难以实现国家治理现代化。在中国特色社会主义进入新时代的背景下，建立并不断完善与国家治理体系和治理能力现代化相匹配、服务于全面建设社会主义现代化国家的现代税收制度实现税收治理现代化是增强税收在国家治理中的基础性、支柱性、保障性作用的必然要求。

（一）税收治理现代化的相关概念内涵及辨析

要全面理解和把握税收治理现代化的内涵，首先需要明确"治理"和"现代化"的本质内涵。在此基础上逐步推进，辨析税收治理现代化与其相关概念的交叉和联系，如对税收管理与税收治理两者之间的意义和内涵进行辨析，明晰现代税收制度与税收治理现代化之间的内在联系和区别等，以便更加深刻全面地理解和把握税收治理现代化的内涵。因此本书对相关概念作如下界定与辨析。

1. 治理的内涵

治理理论的创始人之一詹姆斯·罗西瑙将治理定义为一种未得到正式授权却能在一系列活动里发挥作用的管理机制，强调这些管理活动的完成无须依靠国家的强制力量，主体也未必是政府。他认为治理既包括政府机制，也包括非正式的、非政府机制。首先，治理强调治理主体多元化。政府不再充当公共事务管理的唯一主体，也不再担任社会秩序的必然中心，企业法人、社会团体、自治社区、公民个体等，都可作为治理的主体参与公共事务的管理过程中。除政府外的市场与社会力量可以并且常常成为公共权利的共享者，共同提供公共服务，维持社会秩序，公共管理过程呈现出非中心化的特征。其次，治理的方式是平等合作与协商。治理理论要求其各主体之间不存在主从关系，政府处于引导者而非领导者的地位。治理的主体多元化是治理活动的内在规定，多元化的治理主体不但应该拥有处理公共事务的权力，而且要通过与政府共享权力来处理这些公共事务，对于公共事务的管理采取平等的合作与协商的形式进行。最后，治理追求的目标是实现公共利益。治理强调目标指向的公共性，即公共利益的实现。公共性是社会上的各个主体持续互动，在考虑自身利益的同时，超越自身利益回应他者需求的状态，既是一种相互需要的状态，也是一种实现相互需要的状态。

就现代国家中的治理而言，治理是共同体为达到某种目标所采取的集体行动。治理体系是治理主体为实现治理而采取的一系列制度安排与运行机制的总称，这种制度的总和不是简单地相加，而是紧密相连，相互作用、相互协调。治理能力就是治理主体在治理活动中所显示出的治理效果与治理质量。党的十八届三中全会确定的全面深化改革总目标首次提及"推进国家治理体系和治理能力现代化","治理"与"管理",一字之差,体现了党治国理政自信的增强、理念的进步和视角的变化。"治理"强调国家、社会、和公民之间的互动与合作,强调法治、透明、责任、效率、回应。

2. 现代化的内涵

现代化,英文 Modernization,由 Modern 和词尾 -zation 构成,Modern 译为"摩登"反映时尚,词尾说明进化之驱动。现代化的汉语词义,追根溯源,在汉语词典中的解释是"使具有现代先进科学技术水平"。权威专家马格纳雷拉先生的定义是:"现代化是发展中的社会为了获得发达的工业社会所具有的一些特点,而经历的文化与社会变迁的、包容一切的全球性过程。"百度百科词条介绍"现代化"是指:人类社会从工业革命以来所经历的一场涉及社会生活诸领域的深刻的变革过程,这一过程以某些既定特征的出现作为完结的标志,表明社会实现了由传统向现代的转变。

上述观点受其所处时代的局限,具有明显的时代特征,即"工业社会"。将这一时代特征忽略,提炼内涵可解读为"现代"是指思想文化的先进性,是一个基于生产力快速发展并继而影响整个经济、社会、文化、心理等多个领域,以"理性"为特征的,具有"整体性"的社会状态。"化"是变迁的过程,由落后向先进迈进,且永无止境。由此理解现代化的内涵,现代化是用来描述现代发生的社会和文化走向先进的变迁过程,强调的是从传统社会向现代社会转变的过程。

3. 税收管理与税收治理

税收管理与税收治理,一字之差,意义和内涵相差甚远。管理强调理顺事物内在联系,建立高效的机制和程序,创立内部文化,规范内部行为。治理强调理顺事物与外部的联系,拓展事物对外部的影响和作用,协调推进经济和社会整体的健康发展。税收管理是税收治理的重要组成部分。税收管理是税务机关对税收分配活动全过程进行决策、计划、组织、协调和监督控制,以保证税收职能作用得以实现的一种管理活动。税收治理是国家在国家机关(立法、行政和司法机关)之间、中央与地方之间以及国家、社会组织和公民之间对税收权力进行配置和运用,通过彼此之间合作和互动,以达到控制、管理、协调和服务税收目标的过程。税收管理是税收治理最基本、最重要的活动。两者在现代化问题上的相互关系：首先，是要实现税收管理现代化，没有税收管理现代化，就是落后于时代发展的税收管理状态，就不可能融入社会治理现代化的大环境中，等候的只能是淘汰或被动发展；其次，仅仅是税收管理现代化还不够，要时刻关注社会发展变迁的新趋势，正确认识税收在新时期的社会职能，积极发挥税收的经济社会调控职能，引导和推动社会的科学发展。

4. 税收治理现代化与现代税收制度

现代税收制度的本质是税收治理的现代化，两者的区别在于，现代税收制度是指税收制度应具备现代化的特征，强调的是制度建设的结果；而税收治理现代化突出的是"治理"理念，强调税收制度制定和执行全过程中的"协商共治"特征，主要体现为在税收立法环节拥有政治权利的纳税人通过立法机构参与税法的制定过程；在税制运行环节，作为行政相对人的纳税人与税务机关之间是基于共同遵守税法而构建的权利义务平等的征纳关系。

（二）税收治理现代化的内涵

本书认为税收治理现代化是一个宏观概念，指既要使税收治理理念、治理方式、治理内容、治理环境等具有现代特点、适合现代国家治理、税收治理需要，同时又要顺应现代经济社会发展趋势在税收领域不断追赶世界先进水平的动态发展过程。首先，税收治理现代化突出的是"治理"理念，税收治理理念、治理方式的现代化主要指树立和采用"法治、善治、共治"的税收治理理念和方式。"法治、善治、共治"的税收治理理念和治理方式的突出表现是，纳税人对税收立法过程的参与，强调税务机关、社会、和纳税人在税制制定和运行全过程中，基于平等的权利义务关系，开展的互动合作与"协商共治"。其次，税收治理内容的现代化是税收治理现代化的核心，主要指税收治理体系和治理能力的现代化。最后，税收治理现代化不仅强调税务系统内部运行机制和程序的现代化，还强调税务系统与外部社会经济环境的协调推进和健康发展。治理环境的现代化主要是强调现代化税务人才、现代化信息技术手段、全民纳税意识等环境的支撑作用，体现注重税务系统内部协作与外部协同的现代化治税思想。

（三）税收治理体系的内涵

税收治理体系是税收治理主体为实现治理而采取的一系列税收制度安排和运行机制的总称，新时代税收治理体系主要包括：税收法治体系、税收征管体系、税收服务体系、国际税收体系、税收人才和组织体系。这些制度体系和运行机制并非简单的叠加，它们之间存在着密切的联系，相互作用、相互协调，在顶层设计上构成一个完整的税收治理体系框架。税收法治体系与国际税收体系共同构成内外两大税制体系，为国内外税收治理的运行提供了制度保障。完整的税收治理体系不仅要求在国内贯彻全面依法治国和税收法定的原则，而且要求在国际舞台上为全球税收治理体系建设贡献中国智慧。税收服务体系与税收征管体系分别使"服务"与"管理"两大治理方式致力于提高税法遵从度和纳税人满意度，降低征纳成本，推动税收治理的智慧化、便利化、高效化、现代化。税收人才和组织体系是确保税收治理各大体系间协调运转和紧密配合的人才保障和支撑。税收治理的现代化主要在于如何借助新的技术手段来推动税收治理体系的内涵所包括的以上五大方面的现代化，本书将依照税收治理体系的内涵所包括的五大方面详细论述如何运用区块链技术来提升税收治理现代化。

（四）税收治理现代化的目标

税收治理现代化是一项复杂的系统工程，具有系统性、整体性、协同性。税收治理现代化的各个体系，形成了相互关联、共同发展的综合目标体系。

1. 成熟完备的税收法治体系

税收治理现代化的核心是贯彻税法制定和执行全过程的税收法治现代化。成熟完备的税收法治体系是中国特色社会主义法治体系的重要组成部分，具体要求税收立法科学、税收执法严格规范精确、税收司法公平公正、税收守法全民化。一是要全面落实税收法定原则，按照税收治理体系的演进方向和发展规律，加快税收立法进程，让税法级次更高、效力更强，更加规范、公开、统一，着力形成成熟完备的中国特色社会主义税收法治体系。二要坚持依法治税原则，善于运用法治思维和法治方式深化改革，不断优化税务执法方式，着力提升税收法治化水平，争取到 2023 年基本建成"无风险不打扰、有违法要追究、全过程强智控"^① 的新型税收执法体系，实现从经验式执法向科学执法、精确执法的转变。

2. 严密规范的税收征管体系

严密规范的税收征管体系是在明晰征纳双方关系的前提下，以风险管理为导向，以重点税源管理为着力点，以信息化为支撑，以税收大数据为驱动，具有高集成功能、高安全性能、高应用效能的智慧税务体系。一是要深化税收大数据的智能化分析、共享和应用，以动态风险和动态信用为核心重构税收征管流程，着力降低征纳双方办税成本，实现业务技术创新驱动下的管理模式创新。二是要依托人工智能、区块链等现代信息技术手段转变税费征管方式，优化征管资源配置；实现征管手段由"经验管理"向"数据管理"转变。

3. 优质便捷的税收服务体系

优质便捷的税收服务体系建设的重点是坚持以人民为中心的发展理念，着眼于税收治理中的痛点难点堵点，通过不断深化"放管服"改革、行政审批制度改革、办税便利化改革，持续优化税收营商环境，为纳税人和缴费人提供更便捷、更高效、更规范的服务，着力提升其获得感、幸福感和遵从度、满意度。一是要构建优化税收营商环境的长效机制。贯彻落实《优化营商环境条例》，以国际先进水平为标准，大力推进税种综合申报，依法简并部分税种征期，缩短申报时间，减少申报次数。二是要持续优化纳税缴费服务。积极推行智能型个性化服务，进一步精简办税流程和手续，切实减轻办税负担，全面改进办税方式，提升办税缴费服务水平。到 2023 年基本建成"线下服务无死角、线上服务不打烊、定制服务广覆盖"^② 的新型税费服务体系，将无差别服务转变为精细化、智能化、个性化服务。三是要完善纳税信用管理机制。建立纳税信用积分动态评价制度，持续加强涉税专业服务信用管理，全面建立纳税人信用记录，推进信用信息共享交换平台建设。

4. 合作共赢的国际税收体系

国际税收体系是税收治理体系的重要组成部分。习近平总书记多次强调，

---

① 政策文件来源：2021 年 3 月中共中央办公厅、国务院办公厅印发的《关于进一步深化税收征管改革的意见》。

② 同上。

要"加强全球税收合作，打击国际逃避税，帮助发展中国家和低收入国家提高税收征管能力"。随着经济全球化的不断推进及数字经济的不断发展，企业组织形式、产品生产模式、国际贸易模式都发生了根本性变化，对现行国际税收秩序构成强烈冲击。数字经济的发展必然会催生跨境在线交易和平台经济的繁荣，跨国企业可以使用转移定价来减少他们的税务负担，造成税基侵蚀和利润转移。因此，首先我国要积极参与数字经济等领域的国际税收规则及标准的制定，不断增强我国在国际税收领域的话语权和影响力，推动国际税收体系的改革与重建，为建设全球税收治理体系做出中国应有的贡献。其次要深化国际税收合作，不断加强国际税收征管能力建设。与世界各国加强政策协调和征管协作，不断完善"一带一路"税收征管合作机制并充分利用其缓冲影响，严厉打击国际逃避税行为，共同提高国际税收征管能力，实现共同发展。

5.高效专业的人才和组织体系

提升税收治理能力和治理水平推进税收治理现代化建设的核心是，要有一支有理想、有能力、有正气、有担当的高素质干部队伍来执行。高效专业的队伍组织体系能够为税收治理效能的实现提供机构职能和人才智力保障。高效专业的队伍组织体系的建立首先要完善"带好队伍"的体制机制和监督体系，建设一支忠诚、高效、负责的税务铁军；其次要按照"着力提升政治引领能力、谋划创新能力、科技驱动能力、制度执行能力、协同共治能力、风险防范能力"的要求，优化结构布局和力量配置，使组织的机构设置更加科学、职能更加优化、权责更加明晰、运行更加高效，从而在整体上构建高效专业的组织体系，为建立现代化的税收治理体系提供组织保障。

第二节　理论研究基础

一、交易成本理论

交易成本的存在由科斯最先发现并引入经济学分析中，在研究"外部性"问题时明确使用并从不同侧面，如市场交易活动的成本、企业管理与组织活动的成本、政府规制活动的成本等方面阐述了交易成本的内涵。科斯认为交易成本是人们交换他们对于经济资产的所有权和确立排他性权利的成本，包括事前准备合同成本、事后合同监督成本和合同强制执行成本，实质上是整个的合同履行成本。严格来说交易成本的概念并不仅限于狭义的市场领域，而是指社会在人际关系治理方面的资源耗费，是在建立社会关系的过程中，人们彼此之间自愿合作而达成交易时所获得的支付成本。阿罗曾指出"交易成本就是经济制度运行的成本"，诺斯在此基础上指出交易成本是制度建构成本与运行成本的总和。威廉姆森认为交易是在一定的契约关系中展开的，从契约角度定义交易成本是在产权不清晰的情况下运行不同经济制度的摩擦成本。交易成本形成的原因主要有交易主体的有限理性和机会主义行为，交易环境的不确定性和复杂性等，这些都增加了交易的复杂性，影响了交易效率。

税收活动中的交易成本主要包括税务部门与纳税人之间的交易成本、上下级税务部门之间以及税务部门与其他部门之间的交易成本。税务部门与纳税人之间的交易成本主要包括税收征管成本、纳税人的纳税成本、税收经济成本。税收征管成本是指税务部门为征税而产生的人、财、物等方面的费用，如人员工资、发票管理费、各种信息系统的开发维护费等。由于纳税人常有逃税倾向，因此税务机关的征管成本是相当大的。税务部门为了有效地征税，必须度量纳税人的税基以确定其应纳税额，同时必须识别和惩罚那些不依法纳税的人。如果所有纳税人都能自觉依法纳税，这部分交易成本就能显著降低。纳税人的纳税成本是纳税人为履行纳税义务而发生的各项费用，如税控装置装备费、交通费、税务咨询费、税务代理费等。

税收经济成本是指税收对经济运行和资源配置产生的扭曲效应而造成的效率损失或额外负担，如征税所造成的社会福利损失。上下级税务部门之间以及税务部门与其他部门之间的交易成本主要是由部门间的信息不对称造成的。上级税务机关一般委托下级税务机关来征税，上下级税务部门之间的交易成本主要包括，作为委托人的上级税务机关所面临的代理成本、信息搜寻成本、对下级税务机关工作质量的考核成本和激励成本等。同时下级税务机关出于自身利益考虑，可能利用自己的信息优势故意向上级税务机关歪曲地透露征税信息，这种机会主义行为也会形成交易成本。税务部门与其他部门之间的交易成本主要是沟通协调成本。

上述因素都会产生极大的交易成本。因此，税收活动迫切需要用新的契约形式和组织形式来降低税务交易成本，提高税务征管效率，改进纳税服务及部门间的协调效率，进而推动税收治理的现代化，而基于区块链技术的智能合约便是这种新型契约形式之一。智能合约这种新型契约形式，能够使用技术来降低制度运行成本，通过自动执行来减少有限理性的纳税人的投机心理，改变相关参与者的行为，从而降低税务交易成本。交易成本理论是在行为财政视角下应用区块链技术助推税收治理现代化的理论依据之一。

二、信息不对称理论

在经济学理论中，"信息不对称"是指信息占有程度在市场交易各方之间存在差异的现象，通常表现为一方拥有另一方不拥有或拥有较少的信息资源。经济交易双方中经常存在一方拥有另一方不知道的信息的现象，从而发生各种社会交易成本，如发现、监督、验证、签约、经济损失成本等各种相关成本均包含在交易成本中。通常市场参与方会对自身的"信息优势"做出理性反应。信息不对称所造成的影响依据发生时间可分为两种：隐藏信息的逆向选择和隐藏行动的道德风险。具体而言，逆向选择侧重于事前的信息不对称对社会交易造成的损失，而道德风险则更强调事后隐藏行动导致的社会交易损失。

在税收治理上，这种不对称信息主要表现在税收征管中的征管部门与纳税人之间。一方面，纳税人对自己所有的收入信息和纳税情况了如指掌，而征管部门则因无法精准掌握纳税人的全部经济活动而处于信息劣势，且征管机构对纳税人的全部经济活动和财务状况等相关信息掌握不全，会使纳税人出于侥幸心理，产生自私性纳税不遵从，从而无法实施有效征管；另一方面，纳税人对相关税收政策的理解不到位，也会出现无知性纳税不遵从和懒惰性纳税不遵从，在政策信息获取上税收机关具有信息优势，而纳税人则需要付出一定的成本才能获取相关信息，而如果无法及时获取相关信息，无法了解和掌握相关政策规定，必然会造成税收遵从度的下降。此外，实践中很多纳税人由于税收政策条目过于复杂，对专业术语、税务部门的征税依据和计征办法认识不清，对税法内容的理解各异，无法正确计算自身应纳税额等原因，致使申报错误频发。因此，信息不对称会导致税收征管效率低下和纳税服务滞后。

相比较而言，税务部门在税收征管信息方面仍处于劣势，虽然在大数据背景下，我国税务部门拥有"税收大数据"的优势，但受技术、部门利益等多方面因素的影响，依然难以对纳税人的纳税行为进行一一甄别与监管，无法依据所掌握的信息做到无须纳税人自行申报仅在纳税期结束时出具并核实税单即可。而区块链技术高度透明的特点，不仅可以通过杜绝事前隐藏信息的行为使税务机关及时了解纳税人情况，也可以使纳税人及时获取税收信息，还可以通过税收稽查监督纳税人的不遵从行为来减少事后隐藏行为的情况，从而解决信息不对称问题，为现代税收征管体系的建设和纳税服务体系建设提供比较明确的思路。因而信息不对称理论可以作为研究区块链技术优化现代税收治理体系的理论依据之一。

三、税收效率理论

税收效率是税收收入与税收成本的对比关系，指用尽可能少的人财物消耗获得尽可能多的税收收入，并通过税收调控最大限度地减少税收对资源配置、人们行为选择等经济活动的不良影响。税收效率包括税收行政效率和税收经济效率。税收行政效率强调在税收收入既定时税收成本的最小化，国际上通行的衡量标准为税务人员人均征税额，即税收总收入/税务人员总量。税收经济效率强调税收中性或税收调控，通常把税收超额负担和福利损失的最小化以及税收额外收益的最大化作为其衡量标准。对税收经济效率要全面理解，在市场能够优化资源配置时，要保持税收中性，避免税收超额负担及效率损失；当存在市场失灵时，要发挥税收对经济的调控作用，以获得额外收益。

早期托马斯·孟、尤斯蒂、配弟、斯密、瓦格纳、李嘉图等从税收的节约、便利、最少征收费用、效率和经济等方面对税收效率进行了原始阐述。马歇尔、约瑟夫、弗里德曼、哈伯格利、希克斯和斯蒂格里茨等从税收超额负担的计算中分析了税收中性问题。税收超额负担的表述方式有多种，如课税造成的生产者剩余损失和消费者剩余损失之和超逾应纳税额、课税引起的消费者剩余的减少超过应纳税额、税收造成的纳税人的福利损失高过所纳税款、纳税产生的纳税人的福利损失大于公共产品（税收是公共产品价格）给纳税人带来的福利、课税产生了替代效应，背离了帕累托最优，从而产生了资源配置方面的社会福利损失等。多数经济学家主张税收中性，旨在避免或降低税收超额负担及对经济运行和资源配置的扭曲效应。

提高税收效率的实质即降低税收成本和税收超额负担。而区块链技术的分布式共识、高度透明且不可篡改和智能合约自动执行的特征，能够实现税收数据的多方共享并显著降低税收成本，减少征税过程对社会经济的阻碍，提高税收效率。税收效率的提高客观上也有助于营造良好的税收营商环境。因此未来税务部门可运用区块链等信息技术全面推进税务信息化建设，如采用区块链技术在工商、市场监管、司法、海关等部门间建立涉税信息共享平台，实现税收便捷和税收效率，不断改善税收营商环境，提升纳税服务水平。故而税收效率理论亦可作为应用区块链技术提升税收治理现代化的理论依据之一。

四、行为财政学理论

2006 年麦卡弗里和斯莱姆罗德（McCaffery & Slemrod）把一些论文结集出版，书名为《行为财政学》，标志着行为财政学的正式确立。行为财政学是行为经济学对财政学的再造，是运用行为经济学的基本理论和研究方法对传统财政学的修正、补充和完善，以使财政学更具解释力和生命力。自 2006 年麦卡弗里和斯莱姆罗德提出行为财政理论以来，传统财政理论得到进一步完善和补充，更具解释力和生命力。行为财政学的基本特点是假定社会中的人是有限理性的，具有一定程度的社会性，强调人的真实决策过程。其核心思想认为一切经济现象均产生于当事人的行为；当事人身处社会当中，其行为受到社会制度、环境与结构的影响与制约，从而当事人不可避免地具有一定程度的社会性；当事人进行理性决策，但理性是有限的；有限理性与社会性反映在当事人的认知与偏好上，表现为认知的双系统结构及偏好的微观结构；理性与直觉的相互作用、自利偏好与社会偏好的相互作用造就了人的复杂行为；人的行为的复杂性决定了微观组织、宏观经济以及社会整体的结果与演变路径的多样性和丰富性，从而形成了波澜壮阔的社会演化图景；财税政策不仅仅是干预，还应该重视助推，通过助推，个体、组织、市场与社会形成某种程度的合作，从而形成社会发展的原动力。

（一）行为财政学的分析框架

行为财政学的分析框架由形式要素、时间要素、遵从要素三个维度构成。形式要素是指相同的内容如果采用不同的形式表现出来，可能会导致不同的结果，即由表达方式的不同引起的行为偏好的不同。形式要素的典型案例有框架效应、隔离效应等。框架效应指对于一个不变的问题采用不同的修辞描述会影响决策人的评断和选择。隔离效应指人们倾向于将不同来源和用途的财富归于不同的心理账户。时间要素指人们的时间偏好不具有一致性，表现为贴现率随时间递减或递增，即偏好的近视或远视。遵从要素是指政府在设计财政制度时，必须要考虑纳税人的态度是否遵从。

（二）行为财政学的理论支柱

前景理论和心理账户理论共同构成行为财政学的两大理论支柱。前景理论的核心是价值函数和权重函数。在价值函数图中（见图2-3），收益曲线是凹的，损失曲线是凸的，损失曲线比收益曲线更陡峭，这说明人们对相对损益的评价是递减的，并且明显表现出损失厌恶，即当人们面对同样数量的获得和损失时，相较于收益的变化，人们更在意损失的变化。但人们对损益的评价并不是绝对的，而是依赖于参照点的选择，即参照依赖。参照点可视为可参照对象的当期财富水平或其他某种维度上的财富水平，也就是说，当事人仅仅在乎相对于参照点的损益水平，而不在意损益的绝对水平。同时，参照点会因表述方式的不同而改变，即具有框架效应。以个人工资所得税为例，在企业代扣代缴和个人自行申报纳税两种征税方式下，尽管纳税人缴纳的税款相同，但征税方式的不同会导致纳税人形成不同的参照点，纳税人的感受也不同。在企业代扣代缴时，纳税人会以税后收入为参照点，心理上感觉损失减少；在个人自行申报纳税时，纳税人会以税前收入为参照点，所缴税款就会被视为损失，参照点的框架效应会使纳税人在损失厌恶心理的作用下做出不同的行为选择。无论是遭受损失还是获得收益，人们的边际心理效用都会随着距参照点距离的越来越远而不断降低，即敏感度递减。权重函数（见图 2-4）是指个体在决策时会将损失和受益赋予主观权衡过的权重与参照点进行比较，一般会存在对小概率事件高估或对大概率事件低估的现象。心理账户理论主要指人们决策时的心理认知幻觉，强调非替代性，即理性人假设上同等数额的钱在购买商品时是可以替代的，但现实中人们会将不同来源的钱划归不同的用途，并分账管理，认为此钱非彼钱。如在个人所得税缴纳时，同等数额的税款，在企业代扣代缴时，税款被内化于收入账户，在个人自行申报纳税时，税款被划归损失账户，这种心理账户会给纳税人带来认知幻觉从而影响其行为选择。

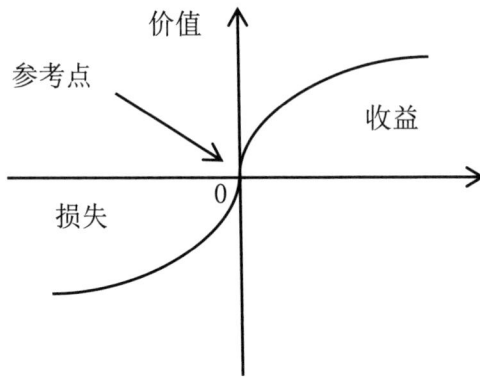

图 2-3　价值函数

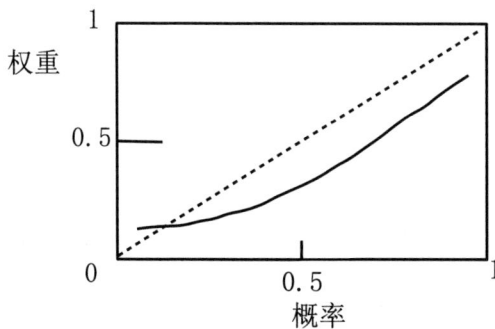

图 2-4　权重函数

（三）行为财政学理论与税收治理

行为财政学利用其独特的分析框架对包括财政支出、财政收入、财政政策在内的传统财政学研究内容的方方面面展开研究，也包括税收治理，其中税收遵从是行为财政学最活跃的主题。人们依法纳税，体现为税收遵从。新古典经济学从遵从成本、奖惩机制、审计、监督、纳税人的社会经济特征与人口学特征等方面对纳税人的税收遵从行为进行解释。而行为财政对税收遵从的解释则从损失厌恶、概率估计偏误、同伴效应、税收伦理、公平偏好、框架效应、文化与习惯等方面展开。

1. 前景理论和心理账户理论对税收遵从度的诠释

行为财政理论中前景理论的核心是价值函数和权重函数，价值函数表明相对于参照点而言，在面对同样数量的获得和损失时人们具有损失厌恶心理；权重函数认为经济主体在决策中一般会存在主观概率估计偏误，即对小概率事件高估或对大概率事件低估。心理账户理论主要强调非替代性。传统理性经济人假设下，税务机关认为给予遵从度较高的纳税人奖励会激发更高水平的遵从度，但按照行为财政的理论逻辑，税务机关可以运用奖惩机制来提高税收遵从度。基于前景理论和心理账户理论，奖励机制效果较弱，惩罚机制效果明显，情感机制有一定效果，纳税人在应税收入与应缴税款之间形成心理账户，也会激励其遵从。行为财政理论认为提高税收遵从度最好是惩罚机制与情感机制相结合。

2. 纳税人行为的社会属性会影响其税收遵从度

区块链作为信任的机器，能够解决税收治理中的信任及信息问题，并且能在系统中通过实时监督和一定的激励机制来规范征管双方的行为，从而在行为财政的视角下达到优化税收治理的目的。行为财政理论为分析区块链技术的应用对征纳双方行为选择的影响和互动、分析区块链技术在当前税收治理应用中存在的问题及未来面临挑战和前景，提供了理论依据和分析基础。行为财政的分析框架也为应用区块链技术提升税收治理现代化方案的提出提供了新思路。因此，行为财政理论是应用区块链技术提升税收治理现代化的理论支撑和重要基础。

第三节　本章小结

本章首先介绍了区块链技术的概念、类型和特点；然后阐述了税收治理现代化和税收治理体系的概念及内涵，在此基础上指出了税收治理现代化的目标；尽管多数学者从不同角度明确了税收治理现代化的内涵，本书对学者观点进行综合分析，将税收治理现代化界定为一个宏观的动态管理过程，包括税收治理理念、治理方式、治理内容、治理环境等方面的现代化。

其次，本书以交易成本理论、信息不对称理论、税收效率理论为基础，阐述了应用区块链技术提升我国税收治理现代化的可行性和必要性。区块链技术的智能合约作为新型契约形式，其自动执行机制能够有效降低税收活动中的交易成本。区块链技术的高度透明性能够解决征收机关与纳税人之间信息不对称问题。区块链技术的分布式共识、高度透明且不可篡改和智能合约自动执行等特征，能够实现税收数据的多方共享并显著降低税收成本，减少征税过程对社会经济的阻碍，提高税收效率。

最后，介绍了行为财政学的分析框架、理论支柱和相关概念，指出行为财政学理论对税收治理的解释，从损失厌恶、概率估计偏误、同伴效应、税收伦理、公平偏好、框架效应、文化与习惯等方面，阐述了行为财政学理论应用于税收治理的可行性。

第三章　行为财政视角下区块链技术与税收治理的逻辑关系

区块链技术是近年来信息技术领域最重要的技术创新之一，由于其独特优势和应用前景，其在社会各领域的应用研究正在积极开展，税收领域也不例外。人类社会进入"区块链"的数字经济时代后，数字经济的繁荣发展使税收征纳双方的行为选择都将发生巨大转变。纳税人在实际决策时通常受心理学、社会学等多方面因素的影响，并不完全遵从理性经济人的假设，从行为财政视角研究区块链技术与税收治理问题，为提升税收治理现代化提供了新思路。

本章为后面四至六章的研究逻辑起点，首先基于行为财政视角分析区块链技术的应用对征纳双方行为的影响来阐述行为财政视角下区块链技术与税收治理的内在联系；基于完全理性条件下的博弈论和有限理性条件下的前景理论分别建立行为财政视角下区块链技术应用中征纳双方的纳税遵从与税收治理的互动行为模型，找到模型的均衡点，为后续分析区块链技术在我国税收治理的现实应用中存在的问题、挑战、前景和提出应用区块链技术提升税收治理现代化的方案提供依据。

第一节　区块链技术对纳税人行为选择的影响

数字经济时代，经济新业态新模式的出现以及多业态的融合发展给纳税人的税收遵从带来了巨大挑战。行为财政学的前景理论充分解释了数字经济背景下纳税人的税收不遵从行为。通过韦伯利等人的 WBAD（Willing–Being Able–Daring）税收遵从模型，可以清楚地看出区块链技术下纳税人行为动机和行为选择的转变，从而提高税收遵从度。

一、数字经济背景下基于行为财政的税收遵从模型

WBAD 税收遵从模型在 2004 年由韦伯利等人（Webley、Adams、Elffers）[1]
提出，该模型包含四个层次（如表 3-1 所示）。第一层次，不愿意偷逃税；第
二层次，愿意但无法偷逃税；第三层次，愿意且能够偷逃税、但不敢偷逃税；
第四层次，愿意、能够且敢于偷逃税。四个层次分别从主观动机和客观条件
两个方面分析了纳税人在不确定条件下的风险决策。第一层次为自愿性纳税
遵从，第二、三层次为强制性或威慑性纳税遵从，只有在第四层次纳税人会
出现税收不遵从行为。

表 3-1 纳税人税收遵从模型

第一层次：不愿逃税	第二层次：愿意但无法逃税
第三层次：愿意逃税、能够逃税、但不敢逃税	第四层次：愿意逃税、能够逃税、敢于逃税

资料来源：参考韦伯利税收遵从模型整理制作。

将行为财政的前景理论引入上述模型，可以发现传统工业经济时代的纳税
人出于损失厌恶心理，一般而言处于第一层次的纳税人较少，另外由于受概率
估计偏误和税收法律威慑的影响，大多数纳税人处于第二、三层次，仅有少数
纳税人处于第四层次。但数字经济时代，由于人工智能、大数据等新技术的发
展与应用，出现了新的商业模式和税源基础，如直播带货、平台经济、共享经
济等，这些新的经济业态是在以电子为基础的网络空间里开展的经济活动，生
产的空间和时间限制逐渐弱化，其典型特征是可以实现不见面交易、远距离活
动，这就使得应税商品或行为具有虚拟性、隐蔽性和跨国性，再加上数字经济

---

[1] Paul Webley, Caroline Adams, Henk Elffers. Value added tax compliance[C].Paper presented at the
conference "Behavioural Public Finance: Towards a new agenda", April 2004.

新业态相应的征管法律和征管措施的缺失以及征管技术的落后导致纳税人的收入更难稽查，于是纳税人在损失厌恶心理的驱使下，具备了偷逃税的主观动机和客观条件。数字经济时代纳税人开始由第二、三层次逐渐向第四层次转移。随着数字经济占 GDP 比重的不断攀升，未来数字经济的发展，势必会使税收遵从度大受影响。因此，需要借助区块链等现代信息技术手段来迫使纳税人行为选择发生改变，提高税收遵从度，助推税收治理现代化。

二、数字经济背景下基于前景理论的纳税人行为选择

现代数字信息科学技术的进步，彻底改变了我们的生产生活方式，也深刻地影响着税收领域。在数字经济背景下，经济越来越依赖无形资产，产业数字化和数字产业化加速发展，出现新的课税对象数字商品和服务以及越来越多的跨境商业活动，对主要税种的征管和纳税人的行为选择带来了重大影响。

根据前景理论的价值函数，纳税人通常具有参照点依赖和损失厌恶心理，并且受益或损失的判断依赖于参照点的选择。就企业所得税而言，如果以实际货币收入为参照点，缴税便会形成损失，在损失厌恶心理的激励下，一方面一些经营数字商品和服务的企业以各种形式的易货贸易（订阅广告、分销各种数字产品等）来躲避货币性支付，从而逃避税款；一些拥有跨国业务的国内企业，经常把其数字资产转移至较低税率的他国关联方运营，使用转移定价来减少他们的税收负担。

另一方面，由于现行国际税收规则基于传统商业模式而建立，即跨国公司营业利润的征税权由居民企业所在国享有，只有当跨国企业在收入来源国境内设立常设机构时，收入来源国才有权对属于常设机构的利润征税，一些国外跨国企业通常采用在我国不设有常设机构的跨境在线交易来规避我国收入来源地的征税权，这些数字经济的主体通常不受我国立法的管辖，其收入也往往位于我国税务当局的管辖范围之外。在数字经济的交易活动采取"交换模式"时，交易方式的隐蔽性掩盖了资金流转和交易的实质，导致税务机关难以掌握涉税信息，也难以掌握关联企业交易的实质内容，最终诱发"交易隐形化避税"。此外，征管法律的缺失以及征管技术的落后，也降低了对纳

税人逃税的威慑性，助长了纳税人利用数字技术偷逃税的行为，使得所得税税收流失严重。

根据前景理论的价值函数，数字经济背景下，纳税人的增值税逃避税行为越来越多。增值税是对商品和劳务在流转过程中的增值额征收的一种流转税，是一种多环节征收的间接税，实行销项税减进项税的税款抵扣制度。在增值税体系中，企业纳税人扮演着重要角色，收取税款并将其汇给政府，这就使纳税企业在自利动机的驱使下更可能利用多环节征收的增值税体系进行逃避税行为。

一方面纳税企业一般会把收取的增值税税款内化为自己的收入账户，以收取的包含增值税税款的收入作为参照点，则上缴给政府的税款就会被视为一种损失，在损失厌恶心理的驱使下很可能产生逃税行为，特别是当纳税企业陷入财务困境时，纳税企业更容易采取不遵从或税收欺诈行为。另一方面交易和征税环节的繁多也可能会提高纳税人的税收遵从成本，也容易诱发纳税人的增值税欺诈行为，如有些纳税人会通过虚构交易开出增值税进项发票扩大可抵免的进项税来减少应纳税额。此外增值税的税收优惠政策繁杂，使纳税人在申报纳税时出现厌烦情绪和恐惧心理，从而带来无知性纳税不遵从或懒惰性纳税不遵从。并且在数字经济背景下，纳税人跨境在线交易的增值税逃避税行为也越来越多，特别是在数字经济下跨境商品或服务贸易的B2C或C2C模式下。我国现行增值税政策中明确指出，在中国境内没有机构组织的境外单位或个人在中国境内发生应税行为的，以境内购买方为扣缴义务人，而B2C或C2C模式下处于增值税抵扣链末端的购买方为境内的个人，他们不需要增值税进项发票，并且会认为在境内购买要承担增值税，而境外购买则无需承担增值税，因此如果把境外购买当参考点，在损失厌恶和公平偏好心理的影响下，境内购买方会缺乏代扣代缴的积极性，从而产生跨境逃避税行为。

根据前景理论的权重函数，现实中，税务稽查率对纳税人的影响不是由实际稽查率造成的，而是由纳税人感知到的稽查率造成的。就个人所得税而言，当税务机关为提高稽查准确率而从第三方获取纳税人工资薪金所得的信息时，即使稽查率很低，纳税遵从度也会很高，因为此时纳税人感知到的稽查率比实际高出很多。但数字经济背景下，直播带货、个人微信公众号赞赏功能等新经济业态的出现，使得许多自然人成为商户，且收入来源多元化，纳税人除工资薪金所得外还会有自我雇佣所得，甚至收入的很大部分是自我雇佣所得。对于自我雇佣所得，税务机关很难掌握其第三方信息，纳税人感知到的稽查率就低，致使其逃税率远高于工资薪金等其他所得。并且税务机关与银行、海关、工商、劳务管理、出入境管理及公检法等其他能提供个人收入和经济往来有效信息的经济部门之间尚未完全联网，因此只能就事后的情报交换进行共享，其他相关信息并不能直接共享，这也大大降低了对纳税人进行征管的及时性和有效性。此外数字技术条件下交易方式的隐蔽性和交易主体流动性，也使得纳税人在损失厌恶心理的驱使下，助长了纳税人利用数字技术偷逃税的行为，使得个人所得税税收流失严重。

三、区块链技术驱动纳税人行为动机的转变

区块链技术的应用能够推动数字经济背景下税收遵从模型的转化，提高纳税遵从度。

首先，区块链作为信任的机器，能够在社交网络中重新构建信任。第一，它通过分布式记账、点对点传输、非对称加密等技术的精巧组合来确保数据的防篡改和全程可追溯，通过技术手段，在一个平等的环境里来建立一种共享、共赢、共建的系统，使税务部门和纳税人从技术的层面达到绝对的信任。第二，区块链技术的运行机制，能够确保社区的目标一致、成员的行为规范，客观上也有助于构建更加公平、公正、公开的社会。区块链技术下，纳税人对税务部门信任度的提高以及纳税人公平偏好的满足，都会激发纳税人自觉缴纳税款的内在动机。因此区块链技术的应用能够推动税收遵从模型中处于第四层次的纳税人由愿意逃税向不愿逃税的第一层次转化（如表 3-1 中箭头所示方向），从而实现自愿性纳税遵从。

其次，区块链的公开透明性使得链上的数据对于系统中所有节点都是透明和可见的，所有网络成员都可以查看和验证交易数据的真实性，数据的记录和流动也可以在整个网络中查询、跟踪和标记。区块链的透明度可以为纳税人和税务机关提供全面、丰富的税务信息，形成合理的信息传递、交流机制，减少了双方的信息不对称，一方面税务机关可以更全面地掌握

纳税人的相关信息，增强税务稽查的准确性；另一方面也使纳税人能够实时了解相关的税收优惠及税务机关的政策法规，提高依法纳税意识。区块链的实时更新、不可篡改、确保了系统中记录的与税收有关的经济交易、所有权转移和资本交易等信息的可靠、全面、详细，改善了跨境交易中所得税和增值税的征管条件，税务机关能够及时发现逃税和欺诈行为。再加上区块链智能合约的自动执行机制，可以降低纳税人，特别是小微型企业和个人的纳税遵从成本，同时提高税务机关监督其微观交易的能力。这样区块链的应用实现了纳税人在实际操作中的不能逃和不敢逃。在税收遵从模型中表现为处于第四层次的纳税人分别向第二、三层次转化（如表 3-1 中箭头所示方向），实现强制性或威慑性纳税遵从。区块链技术的应用最终将使得第四层次的纳税人转化为处于第一、二、三层次的纳税人，实现自愿性、强制性或威慑性的纳税遵从。

第二节　区块链技术对税收立法者和征管者的行为转变

按照行为财政的前景理论、社会信任及社会偏好等对影响税收遵从的相关机制的诠释，纳税人的税收遵从取决于其自身对税收稽查、税务部门信任度、税收公平等的感知。区块链技术会使税收立法者和征管者进入数字治税时代，因而其行为会发生由重发票向重数据、重管理向重服务、重惩罚向重信任的转变，分析这些转变，有利于找到区块链技术下征纳双方的新的互动行为及其均衡点。

一、税收立法者和征管者心理上治税理念的转变

区块链技术的应用可以促使税收立法者和征管者治税理念由管理型向治理型转变。区块链技术的去中心化意味着没有集中化的中心管理组织，网络中每个节点的状态都是平等的，共同记录和维护数据，其在税收治理中的应用虽然在一定程度上冲击着税务部门管理权威，但也会促使税务机关治税理念和思路的转变。区块链技术下税收立法者、税收征管者、纳税人、社会组织等作为网

络中的平等节点，共同参与税收治理。区块链技术下税收立法者在税法制定过程中，不再作为单一的决策中心，而要在充分尊重不同涉税群体主体地位，充分征求不同涉税群体建议的基础上，均衡调和各方利益制定相应法律，确保税收法律及其立法过程的公平、公正、民主。在传统的治税理念中，税收征管者与纳税人之间是一种对抗性征纳关系，一般以由税务机关主导，纳税人被动服从的方式，促进税收的应收尽收。而区块链作为信任的机器，使管理者对纳税人建立一种基于技术的信任，这种信任会促使管理者征管理念从"管理"向"服务"转变，并且区块链的去中心化也使得征管者的治税理念逐渐由单向强制向协商共治转变，征管者在纳税人纳税申报的基础上，重视纳税人在其中的参与、合作和尊严，寻求国家利益与纳税人利益的平衡协调。

二、税收立法者和征管者实操中工作重心的转变

税务机关为适应区块链技术对税务部门的传统职能、管理机制、法律制度等带来一系列挑战，在转变治税理念的基础上，也需要在实操中切实转变工作重心。税务区块链背景下，税收立法者不仅要健全现行税费法律法规制度，更要着重加强维护税务信息安全和纳税人隐私保护等方面的立法。因此，区块链技术下税务机关的主要任务是确定税务数据信息的访问权限和使用范围，建立区块链系统的实时维护机制，确保区块链系统的信息安全与效率。税务机关可以设立专门的数据保护部门，对系统的数据存储设备进行实时维护，加强数据加密技术的研究和应用，保证数据存储的安全性。区块链技术下，税收征管者的工作重心将会由传统的征管和稽查转向为纳税人提供更加成熟的纳税服务体系和涉税信息服务体系建设等方面。税收征管者不再需要把工作重心放在税款催征上，因为只要"税务智能合约"符合税法规范，就能够在税务区块链上实现"智能征税"，人工智能和智能合约的结合能够对纳税人进行实时监督，税收执法者不需要再通过实地的人工查账方式对纳税人进行税款催缴和稽查，而是要做到能看懂税务区块链的代码并熟悉税务智能合约的相关算法。

第三节　基于行为财政视角构建区块链技术下征纳双方的互动行为模型

一、有限理性条件下征纳双方互动模型

行为财政学强调人的真实决策过程，认为现实中纳税人在进行行为决策时并不是完全理性的，容易受其心理因素的影响。因此，需要基于行为财政的前景理论建立区块链技术下的纳税遵从模型，来分析区块链技术应用后纳税人纳税遵从和税收治理间的互动与均衡。

（一）模型假设

①纳税人进行理性决策，但理性是有限的，其在有限理性的基础上追求效用最大化；②纳税人具有一定程度的社会性，其行为受社会规范、税收道德的影响与制约，逃税会产生担忧、焦虑等心理成本，该成本可以折合成一定量的货币；③税务机关以一定的概率进行精准有效的稽查，追缴逃税额并按逃税额的一定比例处以罚款；④应纳税所得额等于其实际收入，不考虑税收优惠和费用扣除。

（二）参数设置

①I 为纳税人的应税收入，D（$0 \leqslant D \leqslant I$）为纳税人的申报收入；②税率固定为 t；③税务机关的稽查率为 p 且 $0 \leqslant p \leqslant 1$，则权重函数中纳税人感知到的稽查率为 w（$p$）且 $0 \leqslant w（p）\leqslant 1$；④$f$ 为罚款率等于罚款额与逃税额之比，罚款额为 ft（I-D）；⑤m 为心理成本系数，心理成本与逃税额成比例为 m（I-D）；⑥c 为纳税遵从度，$c=$（D/I）*100%（$0 \leqslant c \leqslant 1$）；⑦$T$ 为税务机关对纳税人的信任度。

（三）模型设立

由行为财政的前景理论可知纳税人具有参考依赖，其关心的通常是相对

于参照点的收入损益，而不是损益的绝对值。以 I^* 代表依法纳税的税后收入，I_n 代表未被稽查的税后收入，I_c 代表被稽查的税后收入，I^+ 代表相对收益即未稽查的税后收入 In 相对于参照点 I^* 的收益，I^- 代表相对损失即被稽查的税后收入 Ic 相对于参照点 I^* 的损失。以纳税人依法纳税的税后收入 I^* 为参照点，则纳税人更关心未稽查的税后收入 I_n 和被稽查的税后收入 I_c 相对于参照点 I^* 的相对损益 I^+ 或 I^-。则有：

$$I^* = I - tI \tag{3-1}$$

$$I_n = I - tD \tag{3-2}$$

$$I_c = I - tI - ft(I-D) - m(I-D) \tag{3-3}$$

$$I^+ = I_n - I^* = t(I-D) \tag{3-4}$$

$$I^- = I_c - I^* = -(ft+m)(I-D) \tag{3-5}$$

前景理论的价值函数表达式为 $V(x) = \begin{cases} x^\alpha, & x \geq 0 \\ -\lambda(-x)^\beta, & x \leq 0 \end{cases}$，其中 x 是获得的财富值与参照点的偏离，$x=0$ 为参照点，$x>0$ 表示收益，$x<0$ 表示损失；λ 为损失厌恶系数，其大小决定了相对损失的边际效用与相对收益的边际效用的差异大小，$\lambda>1$ 表示损失厌恶；α、β 分别表示收益区域、损失区域价值函数的凹凸程度，行为经济学家卡尼曼和特维斯基（Kahneman & Tversky）[1] 曾通过大量实验得出参数估计为 $\alpha=\beta=0.88$，$\lambda=2.25$，对于各种风险决策普遍适用。将相对损益 I^+ 和 I^- 代入上述价值函数中可得：

$$V(D) = \begin{cases} \left[I^+\right]^\alpha = \left[t(I-D)\right]^\alpha, & D \geq 0 \\ -\lambda\left[-I^-\right]^\beta = -\lambda\left[(ft+m)(I-D)\right]^\beta, & D \leq 0 \end{cases} \tag{3-6}$$

---

[1]　Kahneman D, Tversky A. Prospect Theory: An Analysis of Decision under Risk[J]. Econometrica, 1979, 47（二）: 263-291.

前景理论中权重函数 w（p）表明，纳税人依自主权衡后的稽查率进行纳税决策，将税务机关稽查和不稽查的客观概率 p 和 1-p 分别代入权重函数便得到纳税人主观感知的被稽查率 w（p）和未被稽查的概率 w（1-p），因此，以纳税人主观感知的稽查率为权重对价值函数进行加权，以 w^+（1-p）表示纳税人自主权衡的因未被税收机关稽查而获益的权重，w^-（p）表示纳税人感知的因被税务机关稽查而受损的权重，将权重函数与价值函数代入期望价值函数 $V = \sum_{i=1}^{n} w\left(p_i\right) V\left(x_i\right)$，可得：

$$V(I,D,t,f,m,\lambda) = w^+\left(1-p\right)\left[t(I-D)\right]^{\alpha} - w^-\left(p\right)\lambda\left[\left(ft+m\right)(I-D)\right]^{\beta} \quad （3-7）$$

由于卡尼曼和特维斯基曾通过大量的实验数据得出价值函数中的参数估计 α=β，因此（3-7）式可整理为：

$$V(I,D,t,f,m,\lambda) = (I-D)^{\alpha}\left[w^+\left(1-p\right)t^{\alpha} - w^-\left(p\right)\lambda\left(ft+m\right)^{\alpha}\right] \quad （3-8）$$

为简化分析，先假定稽查率 p 值固定，令 $h(t,f,m,\lambda) = \left[w^+\left(1-p\right)t^{\alpha} - w^-\left(p\right)\lambda\left(ft+m\right)^{\alpha}\right]$，则（3-8）式可化为：

$$V = (I-D)^{\alpha}h(t,f,m,\lambda) \quad （3-9）$$

对（3-9）式求一阶导、二阶导可得：

$$V' = -\alpha(I-D)^{\alpha-1}h(t,f,m,\lambda) \quad （3-10）$$

$$V'' = \alpha\left(\alpha-1\right)(I-D)^{\alpha-2}h(t,f,m,\lambda) \quad （3-11）$$

期望价值函数最大化的条件如下：

若 h<0，则 $V' \geqslant 0, V'' \leqslant 0$，表明当 D = I 时，纳税人如实申报效用最大。

若 h=0，则 $V' = 0$，$V'' = 0$，表明在 [0，I] 范围内存在使纳税人效用最大化的点，即纳税人仅申报部分收入效用最大。

若 h>0，则 $V'' \leqslant 0$，$V' \geqslant 0$，表明当 D = 0 时，即纳税人完全逃税效用最大。

此外，若假定税务机关的稽查率 p 是税务机关对纳税人的信任度 T 的减函数，即 P′（T）<0，则期望价值函数（3-8）式对 T 求一阶偏导可得：

$$\frac{\partial V}{\partial T} = -(I-D)^{\alpha} P'(T) \left[w^+ (1-p) t^{\alpha} + w^- (p) \lambda (ft+m)^{\alpha} \right] > 0 ，可知纳税人的$$

期望效用随税务机关对其信任度的提高而增大。

（四）模型的均衡分析

由 $h(t,f,m,\lambda) = \left[w^+ (1-p) t^{\alpha} - w^- (p) \lambda (ft+m)^{\alpha} \right]$ ，可知：

当 h<0，即 $\frac{w(1-p)}{w(p)} < \lambda \left(f + \frac{m}{t} \right)^{\alpha}$ 时，则 D = I，纳税人完全遵从；当

h=0，即 $\frac{w(1-p)}{w(p)} = \lambda \left(f + \frac{m}{t} \right)^{\alpha}$ 时，则 D ∈ [0，I]，纳税人部分遵从；当 h>0，

即 $\frac{w(1-p)}{w(p)} > \lambda \left(f + \frac{m}{t} \right)^{\alpha}$ 时，则 D = 0，纳税人不申报收入效用最大化。因此

当 $\frac{w(1-p)}{w(p)}$ 越小，$\lambda \left(f + \frac{m}{t} \right)^{\alpha}$ 越大时，纳税遵从度越高。

由均衡时影响纳税决策的因素可进一步分析出，区块链技术下，纳税人感知到的稽查率 w（p）、损失厌恶系数 λ、心理成本系数 m、处罚率 f、税率 t 与税收遵从之间的关系为：①区块链技术下，纳税人在与税务机关的互动中，交易环境的公开透明，税务机关的高稽查率，使纳税人时刻处于税务机关的监督之下，也加大了纳税人逃税的心理成本。而纳税人感知到的稽查率 w（p）

的提高，会使 $\frac{w(1-p)}{w(p)}$ 减小，心理成本系数 m 的提高，会使 $\lambda \left(f + \frac{m}{t} \right)^{\alpha}$ 增大，

从而提高税收遵从度。所以区块链技术的应用可以通过提高纳税人感知到的税收稽查率及逃税的心理成本，来提高纳税遵从度。②区块链技术的不可篡改性，加大了纳税人对由逃税所造成的企业信用损失的损失厌恶度。而损失

厌恶系数 λ 的提高，会使 $\lambda \left(f + \frac{m}{t} \right)^{\alpha}$ 增大，从而提高税收遵从度。③区块链

技术的智能合约能够确保按预先设定的惩罚率 f 对逃税行为自动执行相应的惩罚，规范执法环节。所以区块链技术下提高对纳税人逃税的惩罚力度，会加大对纳税人逃税的威慑作用，从而使纳税人税收遵从度提高。④区块链的公开透明、自动执行机制能够降低征管成本，改善征管技术，在相同税率的情况下能够实现更多的税收收入。因此，在征管条件改善的情况下，为筹集

一定的税收收入，可以考虑适当降低税率 t，一方面会直接降低纳税人负担，另一方面会提高收入参照点，降低相对损失，从而降低纳税人的损失厌恶度。并且税率 t 的降低会使 $\lambda\left(f+\dfrac{m}{t}\right)^{\alpha}$ 增大，从而提高税收遵从度。区块链技术下，有限理性的纳税人也会提高其税收遵从度。

二、完全理性条件下征纳博弈模型

在分析了有限理性条件下影响纳税人纳税决策的因素后，也要把握在完全理性条件下影响纳税人税收决策的因素，从而为区块链技术在税收治理中的应用找到最确切的切入点。

（一）征纳双方的混合战略纳什均衡

完全理性条件下，博弈双方税收机关 G 和纳税人 P 都在追求期望收益的最大化。其战略空间分别为：税收机关（检查，不检查）；纳税人（逃税，纳税）。

区块链技术下假定不考虑以下因素造成的逃税行为，征纳双方之间不存在信息不对称现象，二者之间展开完全信息的非合作博弈。一是区块链技术具有公开透明的特点，不存在因纳税人不了解税收法规或税务人员以权谋私的寻租行为而造成的逃税现象；二是区块链智能合约具有自动执行的机制，所以不存在因纳税条件繁杂、纳税成本过高和征管技术落后而造成的逃税现象。

假定：a 为应纳税款等于逃税款，c 为检查成本，F 为逃税罚款（满足 c<a+F），f 为罚款率 f=F/a，θ 为税收机关检查的概率，γ 为纳税人逃税的概率。博弈的支付矩阵如表 3-2 所示：

表 3-2　博弈支付矩阵

		纳税人	
		逃税	纳税
税收机关	检查	a-c+F, -a-F	a-c, -a
	不检查	0, 0	a, -a

资料来源：作者自行整理汇总。

以上博弈支付矩阵中，纳税人和税务机关的期望收益依赖于自身行为和对方的策略选择。如果纳税人选择逃税，则税务机关的最优策略是检查；如果税务机关选择检查，则纳税人的最优选择是纳税；可见能够使博弈双方利益同时实现最大化的纯策略纳什均衡是不存在的。为了实现期望收益的最大化，针对一方的选择，另一方只能以一定的概率选择自己的策略。

给定 γ ，税务机关选择检查 $\theta=1$ 和不检查 $\theta=0$ 的期望收益分为：

$$\Pi_G(1,\gamma)=\gamma(a-c+F)+(1-\gamma)(a-c)=\gamma F+a-c \qquad （3-12）$$

$$\Pi_G(0,\gamma)=\gamma \cdot 0+(1-\gamma)\cdot a=a\cdot(1-\gamma) \qquad （3-13）$$

混合战略的存在要求二者相等，即：

$$\Pi_G(1,\gamma)=\Pi_G(0,\gamma) \qquad （3-14）$$

解得：$\gamma^*=\dfrac{c}{a+F}$ 。即当纳税人逃税的概率 γ 小于 γ^* 时，税务机关的最优选择是不检查；当纳税人逃税的概率 γ 大于 γ^* 时，税务机关的最优选择是检查；当纳税人逃税的概率 γ 等于 γ^* 时，税务机关选择检查或不检查是无差异的。

同理可得：给定 θ ，纳税人选择逃税 $\gamma=1$ 和不逃税 $\gamma=0$ 的期望收益分别为：

$$\Pi_\gamma(\theta,1)=-(a+F)\theta+0\cdot(1-\theta)=-(a+F)\theta \qquad （3-15）$$

$$\Pi_\gamma(\theta,0)=-a\theta+-a\cdot(1-\theta)=-a \qquad （3-16）$$

混合战略的存在要求二者相等，即：$\Pi_\gamma(\theta,1)=\Pi_\gamma(\theta,0)$ （3-17）

解得：$\theta^*=\dfrac{a}{a+F}$ 当税务机关检查的概率 c 小于 θ^* 时，纳税人的最优选择是逃税；当税务机关检查的概率 θ 大于 θ^* 时，纳税人的最优选择是纳税；当税务机关检查的概率 θ 等于 θ^* 时，纳税人的选择纳税或逃税是无差异的。

在上述分析中，纳税人以 $\dfrac{c}{a+F}$ 概率逃税，税务机关以 $\dfrac{a}{a+F}$ 概率稽查，该结论也可以理解为在所有纳税人中，有 $\dfrac{c}{a+F}$ 比例的纳税人选择逃税，政府机关随机地检查其中 $\dfrac{a}{a+F}$ 比例的纳税人。因此混合战略纳什均衡为：

$$\gamma^* = \frac{c}{a+F}, \quad \theta^* = \frac{a}{a+F}$$

由均衡时的 γ^* 可知纳税人的逃税率取决于所逃税款、逃税罚款和检查成本，逃税率与所逃税款和逃税罚款成反比，与检查成本成正比。逃税额和逃税罚款越大，税务检查成本越小，则逃税率越小，反之亦然。由均衡时的 θ^* 可知税收机关的检查率与所逃税款成正比，与逃税罚款成反比。如果把 F=af 代入 θ^* 可得 $\theta^* = \frac{1}{1+f}$，表明均衡时税务机关的检查率实质上由其对逃税的罚款率所决定，也意味着当前税收罚则的规定已给出了税务部门实现期望收益最大化时的检查率。由于税收稽查率和逃税处罚率二者之间的反比例关系，未来在保持一定的纳税遵从度的前提下，税务机关可以在税收稽查率高低和逃税处罚率高低之间做出取舍。

区块链技术下，税收检查成本会趋于降低，甚至可以忽略不计，一方面由均衡时的 γ^* 可知，税收检查成本的降低会降低纳税人的逃税率；另一方面随着税务检查成本的降低，税务部门的税务检查率可能会相应提高，因此，在保持税收遵从度一定的条件下，可以在税收政策的制定上适当降低对纳税人的处罚，缓解纳税人对税务部门和纳税行为的抵触情绪，在此基础上通过政策宣传和说服教育使纳税人增强对税务部门的信任感，从而提高税收遵从度。

（二）征纳双方的零和博弈纳什均衡

虽然区块链技术的应用对纳税人的税收决策会产生一定的影响，但有些领域区块链技术应用后本身也存在一些税收监管和税收政策问题，也需要结合征纳双方之间的互动来具体分析征纳双方的相互决策及影响其决策的因素，从而明确相关税收政策的制定。随着区块链技术的发展，商品交易中以区块链技术为底层技术支撑的加密货币的使用也将日渐增多，由于世界各国对加密货币的监管和税收政策规定不一，我国对加密货币的使用也尚无明确合理的税收政策，因而存在利用加密货币偷逃税的现象，加密货币的使用迫切需要科学合理的税收政策加以规范。因为政府和加密货币投资者之间存在利益冲突和相互竞争，因此可以用博弈论分析框架来研究我国加密货币"是否应该征税"和"如何征税"的问题。

在博弈模型中，参与各方总是尽可能地追求收益最大化或损失最小化。当博弈达到均衡时，各参与方均无选择其他策略的动力，因为在均衡点各参与方都在其可供选择的策略中选择了能够获得最大收益的最佳策略。因此可以通过博弈模型的纳什均衡来分析以何种方式使加密货币投资者和政府双方利益都能达到最大化。为了分析加密货币是否应该被征税，创建政府和加密货币投资者之间的零和博弈模型。假设加密货币投资者从其投资中获得 2 万元收入，最低税率为 15%，最高税率为 40%。假设当税收处罚力度较轻不足以发挥威慑作用时，加密货币投资者将选择只申报一半收入 1 万元。零和博弈模型的双方实现纳什均衡的支付矩阵见表 3-3。

表 3-3　政府和加密货币投资者之间的纳什均衡

政府	加密货币投资者	
	低税率（15%）	高税率（40%）
征税		
高税收惩罚	**情形 1：G=+3000，I=-3000**	情形 3：G=+8000，I=-8000
低税收惩罚	情形 2：G=+1500，I=-1500	情形 4：G=+4000，I=-4000
不征税		
无税收惩罚	情形 5：G=-3000，I=+3000	情形 6：G=-8000，I=+8000

注：标黑粗体为纳什均衡。

如果政府适用最低税率 15% 征税，情形 1 在税收处罚较高的情况下，加密货币投资者会选择申报全部收入来全额纳税。在这种情况下，政府收益为 $G=Y \times t=20000 \times 15\%=3000$ 元，而加密货币投资者将失去 3000 元；情形 2 在税收处罚较低的情况下，加密货币投资者将不会选择全额纳税，假设只会申报收入的一半即 1 万元。此时，政府收益为 $G=X \times t=10000 \times 15\%=1500$ 元，而加密货币投资者将失去 1500 元。

如果政府适用最高税率 40% 征税，情形 3 在税收处罚具有足够威慑性的情况下，加密货币投资者将会选择申报全部收入全额纳税。此时，政府收益为 $G=Y \times t=20000 \times 40\%=8000$ 元，而加密货币投资者将失去 8000 元；情形 4 在税收处罚不具有威慑性的情况下，加密货币投资者将不会选择全额纳税，假设只会申报收入的一半即 1 万元。此时，政府收益为 G=Y×t=10000×40%=4000 元，而加密货币投资者将失去 4000 元。

如果政府选择不征税，那么在情形 5 低税率的情况下，政府将失去 G=Y×t=20000×15%=3000 元收入，而加密货币投资者无须缴税即可获益 3000 元。情形 6 在高税率情况下，政府将失去 G=Y×t=20000×40%=8000 元，而加密货币投资者无须缴税即可获益 8000 元。

如表 3-3 所示，为实现纳什均衡，政府和加密货币投资者都将选择使其自身利益最大化的策略。当政府选择矩阵的第一行（高税罚）时，纳税人迫于税收处罚的威慑性将选择全额纳税，并在是支付 3000 元税款还是 8000 元税款的比较下，更愿意选择适用低税率支付 3000 元税款，即第一列的情形 1（低税率、高税罚）。当纳税人选择第一列（低税率 15%）时，政府将面临得到 3000 元、1500 元和 -3000 元的所得税收入的选择，相比之下政府更偏好并选择第一行中情形 1 即获得 3000 元的所得税收入。因此，低税率和高税罚的情形 1 即为纳什均衡。而在其他情况下，都不能同时实现双方利益的最大化，所以不存在纳什均衡。纳什均衡表明，加密货币应该以低税率征税并配合较高的税收处罚率，才能使加密货币投资者和政府双方同时实现利益的最大化。

三、征纳双方互动行为模型均衡分析

在完全理性条件下，传统的征纳双方之间存在一种"警察与小偷"的互动形式。这种模式下，征纳双方互不信任，不存在合作性税收氛围，纳税人重视个体利益，不尊重公共利益，税收遵从主要依赖税务机关的监管、处罚等对纳税人实行强制遵从。而当纳税人认为他们的行为受税务机关等外来因素的监控时，遵从的内在动机就会降低，因为监控制度向纳税人传达了他们不被信任的信号，作为回应，疑惑和怨恨就会滋生，在纳税人意识到监控制度不完善，他们能够逃离监控时，他们就会抵制该行为。由于心理上的对抗，即使是诚实的纳税人也会试图欺骗和破坏监控制度。不愿意纳税、但受到审计、稽查和罚款威胁的纳税人，需要仔细考虑进行哪一种选择：安全的选择是，缴纳应缴纳的税收，接受失去一部分金钱的现实；或者进行有风险的选择，既可能获得因逃税产生的税收收益，也可能要遭受被查出并处罚的成本。在这种情况下，纳税人与税务机关打交道时为综合权衡其所得与成本，需要仔细考虑其审计概率、罚款、税率、税务机关采取的战略以及逃税的机会、框架效应等诸多因素。有许多逃税和避税机会的纳税人可能会在合算的情况下，也就是说，在税务机关稽查和处罚逃避税行为不力的情况下不足额缴纳应纳税额。在强制纳税能力巨大的情况下，也就是说，在稽查比例高、查出概率高以及处罚严厉、有关禁止避税的税法明确的情况下，纳税人会被迫遵从。模型均衡时纳税人以 $\dfrac{c}{a+F}$ 概率逃税，税收机关以 $\dfrac{a}{a+F}$ 概率稽查。现实中税务机关由于信息不对称、法律不健全、稽查成本高等原因，不可能查明并处

罚每一个不合作者，因此稽查和处罚的威慑力不强。区块链技术应用后，征纳双方之间信息公开透明，平等信任，不仅能增强税务稽查的准确性，也可提高纳税人依法纳税意识。

有限理性条件下，征纳双方之间存在一种"服务与客户"的互动形式，该模式以清楚、易懂的规定，透明的程序，中性，尊敬、礼貌地对待纳税人为特征。这种模式下，征纳双方彼此信任，相互合作，纳税人可能视纳税为公民义务，并为了社会的利益而与政府机关合作。基于透明且中立的程序、可信赖的税收制度和税务机关、尊敬、礼貌并有尊严地对待纳税人的合作过程将促进自愿遵从。自愿遵从被认为与纳税人的社会表征密切相关，并由其决定。从总体上看，好的税收道德和强烈的公民责任意识能够保证公民自觉与国家合作的意愿，而不是进行企图使个人利益最大化的复杂的决策。对税法的主观理解，对政府的态度，个人和社会行为规范，对分配公平以及程序公正的认识有可能会对纳税人遵守税收规定的动机产生影响。对程序公平性的感知是以信任的氛围为基础，信任的氛围被认为能够促进纳税人自愿合作。在政府的政策得到纳税人的接受和信任，个人和社会规范有利于促进征纳双方合作，税收负担和税收程序被认为是公平的情况下，将更容易营造合作性税收氛围，从而促进自愿遵从。

如果税务机关的征管理念从"管理"转向"服务"，由单向强制转向协商共治，重视纳税人在其中的参与、合作和尊严，纳税人的税收道德就会相应提高并自觉纳税。在相互信任的氛围中，稽查和处罚可能不起作用或者有损

合作。如果纳税人依法自觉纳税，税务机关实际工作中可能会相应降低对纳税人的稽查和审计概率，而更多的是为纳税人提供更加便捷的纳税服务体系；如果纳税人的权利得到保障，纳税更加便利，则依法纳税的自觉性就更高，从而形成一个良性循环。区块链技术的运行机制应用于税收治理，有助于创造信任型税收氛围，从而有效促进上述转化的进行。

四、征纳双方互动行为模型均衡时影响征纳双方决策的因素

由上述有限理性均衡可以预计，遵从的决定因素的权重因税收氛围而不同。社会税收氛围主要取决于对税务机关的信任和税务机关的权力。不同的社会税收氛围下，遵从的决定因素也不同。如稽查和处罚的威慑效应有时较强，有时则较低，甚至与预期相反。总之，通过征纳双方博弈的互动行为模型及其均衡分析可知，影响征纳双方决策的主要因素如下。

（一）处罚力度

无论是完全理性模型，还是有限理性模型，模型的均衡结果都表明遏制偷逃税，处罚是关键。较小的处罚力度可能会加大偷逃税概率，较大的处罚力度可能会减小偷逃税概率。现行《税收征管法》规定"纳税人偷逃税的，由税务机关追缴其偷逃税款及滞纳金，并处以偷逃税数额 50% 以上五倍以下的罚款"，量幅过宽。如偷税 1 万元，处罚 5 万元可以，处罚 5000 元也行，这无形中给稽查部门提供了从轻处罚的依据，同时也为稽查部门创造了很大的"寻租"空间。近年来税务机关查处的税收违法案件，实际罚款从宽处理占多数，这是造成偷逃税屡禁不止的主要原因。现行《税收征管法》规定"税款滞纳金从滞纳税款当日起，按日加收万分之五的滞纳金"，按照这一规定征收滞纳金，相当于纳税人滞纳税额 500 天才受到 1 倍的罚款，处罚明显偏低，降低了税法的威慑性。从法理上讲，执法机关对偷逃税的查获率越高，制裁措施越严厉，偷税行为发生的可能性就会越小。纳税人权衡外界约束力及偷逃税所得与被查处风险之间的利害关系，往往会作出不偷逃税选择。反之，若是利大于失，一些纳税人就会铤而走险。所以，如何加大惩罚力度势在必行。

（二）税收法律体系的完备性、精确性

税收法律体系的完备性、精确性影响纳税人感知到的稽查率及其正常依法纳税。税法体系不健全，不仅会降低税法的威慑性，增加逃税者的投机行为，也会使税收道德较好的纳税人在申报纳税时无所适从。随着数字经济的发展，我国现有税法体系已难以适应新兴业态发展，如平台经济、共享经济等数字经济的税制缺失。税法的不确定性既使纳税人遵从法律变得困难，也使税务机关难以认定什么是合法和什么是处在税法的边缘。在税务机关与平台及平台从业者之间信息严重不对称的情况下，税法的缺失和模糊将其本身置于没有违反税法的情况下被"灵活"运用的境地，使税务机关无法有效征税和稽查，纳税人感知到的稽查率和逃税的心理成本也因此而降低。在身边大多数人都不自行申报的社会环境下，同伴效应会使纳税人的税收道德明显降低，纳税意识也将更加淡化，并且在这种社会环境下如果某纳税人自行申报很可能会产生较强的不公平心理，这也会促使其不愿意去申报纳税，最终导致税收流失。因此，在加大税收处罚的同时，也要加快税收法治建设，以区块链等新的信息技术为依托，解决征纳双方的信息不对称，使税务机关可以随时监督纳税人的各项活动，及时发现纳税人反映强烈的堵点、难点、痛点问题，进而找到税法的漏洞和不完善之处，促使税收法律体系趋于完备和精确，从而提高纳税人感知到的稽查率。

（三）偷逃税的心理成本

欧美等国纳税人的纳税意识相对比较成熟，普遍认为"只有死亡和纳税不可避免"，因而在税收道德和理性经济人的双重作用下偷逃税的心理成本较重。与之相比，当前我国税收监管机制与公民纳税意识尚不成熟，各种利益矛盾复杂，偷逃税动机和诱因强烈，偷逃税的心理成本也要比西方国家轻得多，虽然也有偷税漏税者被媒体曝光，但名声并不狼藉，以致偷税、逃税、骗税现象屡禁不止。且国际合作中由于缺乏先进的技术来建立并完善跨国涉税数据交流共享机制，纳税人跨国避税行为极难发现，因而国际逃避税纳税人被稽查的心理成本极低。因此，在加大税收处罚的同时，也要注意在心理上提高纳税人的纳税意识和税收道德。需要依托先进技术在全社会形成遏制偷税逃税的威慑力，使包括心理成本在内的偷逃税的机会成本大于预期收益，就可能会使偷逃税者权衡利弊得失，自动减少或放弃偷逃税选择。此外，为促进纳税人如实申报税收信息，应给予信誉补偿，可通过表彰使之获得精神上的满足，通过减少稽查次数来降低纳税成本等形式给诚实纳税者以激励。取得信誉的企业受到社会尊重和信赖，促进生产经营，进而得到相应的"机会效益"和物质利润，也可以在一定程度上对遏制偷税逃税起到正面影响。

（四）税收稽查成本

由于税收主体的复杂性和信息不对称，税务机关要了解和掌握偷逃税信息需要付出巨大的成本。且逃税概率 c/（a+F）随税收稽查成本的提高而提高。有时，由于技术和成本的限制，税务机关不得不依靠纳税人自己提供的失真信息来进行税收稽查，这就不可避免地为偷逃税行为提供了机会。特别是纳税人的跨境交易行为，由于各国税收政策不同，在缺乏国际税收合作且纳税人出于损失厌恶心理而不自愿申报纳税甚至利用各国间的信息不对称偷逃税款的情况下，跨国税收稽查相当困难且稽查成本极高。因此，需要通过大数据、区块链等技术改进稽查方法和技术，在加强数据资源管理、强化数据分析、优化税收管理业务流程的基础上，综合纳税人的收入、利润、税收变动情况、依法交税记录等各方面因素，对纳税人进行纳税信用评级，尔后对纳税人实行分类管理，当纳税人的记录超过既定界线，便作为重点稽查对象进行稽查等方法，会对降低稽查成本带来的利好。

（五）信任

信任是理解纳税人参与、与税务机关合作并遵从的关键因素。如果税务机关必须不断地解释并证明其行为的合理性，那么，他们税务管理能力的有效性就会大大降低。纳税人对税务机关的信任和支持会促使纳税人由强制遵从转向自愿遵从。税务机关给予纳税人充分的信任，就能够使纳税人在税收方面承担更大的责任，更主动、更全面地履行自己的纳税义务。如果税务机关充分信任纳税人，纳税人就会更加积极、全面地履行自己的纳税义务，并承担更多的税收责任。

（六）税收人才和组织的整体素质

税收人才和组织的整体素质关系到税收工作的效率和质量。一方面税务人员对信息技术的掌握程度极大地影响税收工作开展的效率和成本及税收业务的专业化程度和税收治理的现代化水平。另一方面由于税务部门掌握有一定的税收优惠、减免控制或对偷逃税轻罚、不追究等权力"租金"，纳税人为偷逃税款可能会采取"寻租"行为，即通过行贿、拉关系、给好处费等手段拉拢腐蚀稽查人员。如果偷逃税者付出较小的行贿成本就可以获得偷逃税庇护或较大的偷逃税租金，则偷逃税者将更加有恃无恐，使得原本就信息不对称的征纳关系进一步失去平衡。从这个意义上讲，打击行贿受贿，加强税收队伍建设也是影响纳税人决策的重要方面。要建立一些激励机制，既包括对遵纪守法按章纳税的纳税人的激励，也包括对公正执法严于律己的税务稽查人员的激励。前者可以弘扬扶正压邪，促成良好的纳税风气，后者可以鼓励克己奉公忠于职守，提高稽查效率，从而为遏制偷税逃税增加了一把双刃剑。

第四节　本章小结

本章首先借助行为财政学的税收遵从模型并基于前景理论分析了数字经济背景下区块链技术的应用对纳税人行为选择的影响。数字经济新业态的出现使纳税人在损失厌恶等心理的驱使下，具备了偷逃税的主观动机和客观条件，而区块链技术的应用会促使纳税人税务行为动机和行为选择转变，使其在心理上不愿逃，实操中不能逃和不敢逃。其次，依据行为财政的税收遵从机制分析了区块链技术的应用对税收立法者和征管者的行为转变，指出区块链技术的应用会使其治税理念和工作重心发生由重发票向重数据、重管理向重服务、重惩罚向重信任的转变。最后，本章基于有限理性和完全理性的假设分别构建了区块链技术下征纳双方的互动行为模型，并通过分析模型均衡总结出行为财政下影响征纳双方决策的因素：税收处罚力度、法律完备性、心理成本、税收稽查成本、信任、税收人才和组织的整体素质。

第四章　行为财政视角下区块链技术在我国税收治理中的应用和经济影响

通过前述区块链技术对征纳双方行为选择的改变可以看出区块链技术作为提高税收治理能力的新技术工具，为税收治理现代化的推进提供了重要抓手和良好契机。区块链技术在税收领域的应用价值近年来愈发凸显。本章重点从发票管理、税务信息化建设、税收营商环境改善等方面总结了当前区块链技术在我国税收治理中的应用情况，在此基础上，通过建立基于增值税系统的伯特兰德博弈模型，分析了区块链技术的应用对我国税收治理的经济影响，然后依据模型的实证研究结论，并结合前述税收治理互动行为模型的均衡点和纳税决策的相关影响因素，根据行为财政的相关理论进一步分析了当前区块链技术在我国税收治理的应用中存在的问题，如区块链应用的相关法律缺失、纳税服务业务流程尚需改进、跨国涉税数据交流和共享机制尚未建立等。

第一节　区块链技术在我国税收治理中的应用情况

"十四五"规划和 2035 年远景目标纲要提出："十四五"时期要深化财税改革，加强关键数字技术创新应用，在区块链服务平台、金融科技、供应链管理、政务服务等领域开发以联盟链为重点的应用方案。2021 年 6 月工信部、中央网络安全和信息化委员会办公室联合发布《关于加快推动区块链技术应用和产业发展的指导意见》（工信部联信发〔2021〕62 号），国家各部委也积极出台相关政策。据统计，2020 年国家各部委、各省级政府和省会城市发布了 200 多项与区块链技术相关的政策、法规、方案和文件。2021 年 3 月，中共中央办公厅、国务院办公厅联合发布的《关于进一步深化税收征管改革的意见》指出，要以发票电子化改革为突破口，从"以票管税"向"以数治税"转变，助力执法体系、服务体系、监管体系和共治体系的建设。"十四五"以来，由于对区块链技术的不断探索和深度的学习，区块链技术在税收治理中的应用步伐走上了快车道，在实践中先行试点、稳步推进。自 2018 年以来，其在电子发票管理、税务信息化建设、改善税收营商环境等方面应用效果显著。

一、区块链技术在电子发票管理中的应用

国内区块链技术落地最早的应用是区块链电子发票。区块链电子发票"税链"平台推出后，税务部门、开票方、受票方分别以独一无二的数字身份加入"税链"网络，真正实现"交易即开票""开票即报销"——秒级开票、分钟级报销入账使得数据篡改、一票多报、偷税漏税等问题得到有效解决，税收征管成本也大大降低。区块链电子发票与普通电子发票相比，具有全流程可追溯、信息完整不可篡改等特点，可实现"交易即开票、全信息上链、全流程打通"。截至 2022 年底区块链电子发票已在深圳、广东、云南、福建、北京等省（市）针对特定业务和特定票种进行探索应用，取得了一定成效。目前试点票种包括通用机打发票、定额发票、冠名发票等。

（一）区块链电子发票的应用进展

区块链电子发票自 2018 年 8 月深圳市税务局开出后，发展迅速，试点范围在全国不断扩大，覆盖公共交通、政务民生、金融保险、零售餐饮等诸多行业。截至 2022 年 7 月，深圳市税务局开出的区块链电子发票的开票量已突破 6000 万张，总开票金额超过 900 亿元人民币。[①]2019 年 7 月 20 日，云南省税务局通过"游云南"平台开出全国首张区块链电子冠名发票，已实现区块链电子发票在云南省主要景区、昆明市地铁、丽江市"数字小镇"、普洱市普洱茶产业和零售、住宿、交通、餐饮等行业共 2232 户纳税人的推广应用，开具区块链电子发票 9.8 万张，开具金额共计 3592.55 万元。[②]2020 年 3 月 3

---

① 数据来源：深圳市税务局官网。

② 数据来源：http://www.chinatax.gov.cn/chinatax/n810219/n810739/c5149861/content.html.

日北京市首张区块链电子发票也在汉威国际广场停车场开出，实现收费、开票自动一体化。2020 年在新冠疫情防控期间，区块链电子发票及时落地不动产销售、医疗、学校等新应用场景，其"非接触"特点不仅大大降低了病毒传播的风险，而且免开发、免对接的区块链电子发票极速版的推出，实现了从注册、领票、开票到报销全流程的线上非接触式办理，有效解决了纳税人领票难、取票难、开票难的痛点，为企业解决了"发票荒"问题，有力助推了复工复产。2021 年 3 月深圳市太平财险开出首张区块链电子发票。2022 年5 月 27 日云南省红河州税务部门落地了基于出租车场景的区块链电子发票服务平台，开出了首张出租车区块链电子发票。区块链电子发票以按需开票不收费、过程监控无死角、数据服务无盲区等特性在将近四年的实践中体现了其特有优势。

2018 年 12 月深圳区块链电子发票系统与微信支付平台的对接，开启了区块链电子发票的通用入口，依托移动支付的高渗透率区块链电子发票的应用场景取得了更多突破，并在众多小微企业中迅速推出。交通领域是最早引入区块链技术的民生服务领域之一。2019 年 3 月 18 日，深圳地铁乘车码正式上线了区块链电子发票，在深圳市福田交通枢纽地铁站，乘客只需使用"乘车码"小程序搭乘地铁，扫码出站后通过微信支付记录即可开出区块链电子发票；深圳市的部分出租车、机场大巴 330 全线也先后接入区块链电子发票，实现发票开具全程网上办理。区块链电子发票的应用场景在开票率和发票面额相对较低的地铁、餐饮等民生领域拓展的同时，又逐渐向高开票率、高面额的家电、房地产等场景拓展，相继在爱尔眼科医院、国美电器和恒大地产上线使用。区块链电子发票的功能也在随着其应用场景的逐渐增多而日趋完善。2021 年4 月初，深圳市移动办税平台新上线的"开票易"功能手续简单，无须票种核定和领购发票，在用票超过授信额度申请增加授信时只需刷脸即可，全流程网上办理，实现免对接、免硬件、免收费快速对接。

2021 年 2 月 1 日，由云南省普洱市税务局与高灯科技共同打造的农贸市场区块链电子发票在普洱五一农贸市场正式启用。税务机关在完成对摊主基本信息的上链审核后，将通知摊主进行注册登记并开通支付通道。消费者将在扫描付款码的同时提交其开票申请。摊主在手机上确认申请后，消费者会收到一张区块链发票，做到边买菜、边开票。由于农贸市场销售的农产品大多是免税的，销售对象都是普通老百姓，这些小商贩很少需要发票，也很少有向税务部门登记领取发票的意识。因此，当消费者真正需要发票时，农贸市场的摊贩是很难提供的。但涉及大批量消费的企业机关、行政事业单位职工食堂的采购均需要发票进行记账处理，因此这些单位往往选择能够提供发票的超市或农村专业合作社进行合作，这在一定程度上限制了农贸市场农产品开拓更广阔的市场。区块链电子发票，适应了农贸市场高并发、高频次、碎片化的开票需求，解决了农贸市场商贩和消费者之间的发票缺失和交易合规痛点。区块链电子发票依靠区块链技术分布式存储、不可篡改等特点，实现实名开票、链上存证、交易鉴定和完整追溯，对促进市场监管、诚信经营、消费维权等具有重要作用。对于农贸市场的摊主来说，能够在区块链上向买家开具发票也就扩大了农产品的市场和销路。对消费者而言，区块链发票的追溯功能使消费者在遭遇质量问题时能够迅速锁定销售市场、摊位和具体产品，为后续维权提供证据。

未来区块链电子发票是经济社会的重要基础设施，随着各地对区块链电子发票的逐步推进与应用，区块链电子发票技术的标准化进程也在加速推进并取得重要成果。2021 年 3 月国家税务总局深圳市税务局主导的区块链电子发票国际标准《基于区块链技术的电子发票应用推荐规程》由 IEEE-SA（电气和电子工程师协会标准协会）正式批准发布，成为全球首个基于区块链电子发票应用的国际标准，也是国内税务系统的第一个国际标准。此标准定义了区块链电子发票应用的参考框架并提出了技术和安全要求，描述了其典型应用场景。该标准促进了国际税收领域区块链技术的应用与融合，成为区块链技术应用于税收领域的创新制高点。该标准的通过表明中国在区块链电子发票领域的技术实践得到了国际权威机构的认可，并获得了区块链电子发票国际标准的话语权，也意味着中国为规范和引导全球区块链电子发票的应用做出了贡献。

（二）区块链电子发票的应用效果

区块链电子发票与传统的发票相比有很多优点。对商家来说，区块链电子发票可直接在线上申请和开具，不需要专门的硬件设备，也不需要跑去税务局购票。区块链电子发票不仅开具、领取方便快捷，而且其开具、流转、报销、申报等环节的全流程链上管理使其可查、可验、可溯源、可管控，能有效解决一票多报、虚报虚抵、真假难检等问题，实现"发票资产化、数据价值化"，使用票企业既节约了开票时间和成本又降低了涉税风险和财务管理风险，还提升了其管理运营效率。如区块链电子发票在深圳地铁开通后，每天线上自助开票数可达17万人次，仅发票印制费用每年就大约可节省40万元。对消费者来说，区块链电子发票的开具无须专用设备可全程通过手机操作自助完成，也无须排队等候省去了向商家索票的麻烦，且发票开具后可放入微信卡包或发送至电子信箱，票据保存成本几乎为零，用票体验更佳。消费者付款后，可以自己在微信上开具区块链电子发票，无须任何人工输入信息及其他硬件设备，十分便捷。区块链技术实现了发票的网上领用，用户只需通过手机微信点击领票，经税务机关审核后即可开具票据，真正做到了让群众"多走网路、少走马路"。过去，若消费者要开具发票，须向商家提供开票人的姓名或单位票号，而区块链电子发票在开票人数较多时可以有效解决排队等候时间长等问题，因而具有快速推广及应用的基础。

二、区块链技术在税务信息化建设中的应用

征纳双方之间长期存在的信息不对称、信息传递不及时和数据对接不精准等问题，使其相互之间难以形成牢固的信任关系，造成纳税人体验感差、国家税款流失等不良后果。区块链信息共享不仅提升了税收征管效率，而且打破了信息传输壁垒，推动了税务信息跨部门共享数字化转型。区块链技术在税务信息化建设领域的应用，主要体现在以征管数据、发票数据、出口退税数据、财税库银数据等为基础的区块链涉税信息共享平台的陆续上线，如"深圳四部门信息情报交换平台"[①]"自然人信息共享智慧平台"等。数字经济新时代，区块链技术赋能税务信息化，通过打造涉税信息共享平台，使各部门之间形成协同，提高了管理效率，降低了企业成本。

---

① 四部门为深圳市的税务局、公安局、海关及中国人民银行深圳市中心支行。

（一）深圳四部门信息情报交换平台

为提高税务部门与其他部门的联合办案能力和效率，2019 年 11 月 21 日深圳市基于区块链技术的信息交换平台——"深圳四部门信息情报交换平台"上线运行。该平台采用区块链技术建立查询数据列表，实现信息和情报数据的"链上交互"，并可自动进行查询、比对和处理，有助于促进部门间数据的联合维护和使用，联合开展监测分析和预警响应，从而增强监管的实时性和准确性，提高联合打击涉税违法犯罪的能力和水平。

（二）自然人信息共享智慧平台

2020 年 1 月深圳市依托区块链技术"分布式实时存储"功能，推出自然人信息共享智慧平台。该平台为信息交互传输提供了更加准确、高效、安全的渠道，促进了多部门信息资源的整合。个税扣除项填报是否准确涉及人社局、住建局、教育局等多个部门，信息核验工作存在协调难、处理慢、易泄漏、不统一、难度大等问题。"自然人信息共享智慧平台"解决了个税扣除项填报的多部门协调难题，支持 11 个政府部门共同参与，通过深度交换和共享涉税数据，实现多部门间个税专项扣除数据的核查和验证。

（三）"税务－产业"联盟链

2020 年 5 月 9 日深圳市税务局联合腾讯集团、平安集团、中装建设集团和欣旺达电子股份有限公司共同打造了"税务－产业"联盟链。"税务－产业"联盟链对跨链技术的运用进一步打通了税务链、金融链和产业链之间的数据通道，实现银税企信息共享，把纳税信用转化为融资信用，实现了税收大数据提升治理效能的目标。联盟链使企业、金融机构、税务机关等联盟各方在各自领域充分发挥辐射作用，并通过共享联盟链上的信息和能力进行实质、有力的协作，使联盟各方享受到便捷、精准、可信、一站式的综合性服务，实现链上企业的降本提效，更好地激发实体经济活力。如申请融资贷款的链上企业可通过联盟链自主将税务数据和生产经营数据一键式提交给金融机构进行审核，金融机构也可以在联盟链上同时对取得税务部门提供的发票申报信息和企业提供的生产采购信息、物流信息进行审核，使得纳税贡献和纳税信用成为融资凭据，这就使得多方协作成本、贷款审批时间和贷款风险大大降低，进而实现多方共赢。

（四）"区块链 + 不动产"办税服务平台

2021 年 3 月 26 日全国首个"区块链 + 不动产"税收治理示范项目"链税通"在武汉上线运行。"链税通"项目由武汉市税务局联合武汉市政务服务和大数据管理局、自然资源和规划局、住房保障和房屋管理局共同参与建设，主要针对不动产交易、登记，实现了"区块链"技术和不动产治理的结合。"链税通"平台把区块链技术应用于新建商品房不动产交易、税收和登记全流程，解决了原来不动产交易过程中的办理手续环节多、部门多、资料杂、手续繁、流程长等问题。"链税通"利用区块链技术实现了数据传递"一链共享"和数据质量"一链互信"，数据上链使得跨部门间数据传递效率更高，推动不动产交易跨部门并联办理，可以有效精简流程，精简办事资料、压缩办理时间，提高不动产业务办理效率，优化办税体验。同时，区块链技术具有交易信息可溯源、资料不可伪造、信息全程留痕等特点，还可以防范交易环节的风险、确保税负公平，进一步提高行政效能，降低行政成本。该项目上线后，通过信息共享，目前商品房交易减少了原需交易方提供的纸质资料（如购房发票、家庭婚姻证明材料等），减少并优化整合了 4 个数据流转节点，整个交易时间网上办理后可节约为原来的一半。武汉"链税通"平台二期建设，将进一步升级系统，力争实现存量房交易信息上链，并逐步扩大到不动产全生命周期信息，实现一张身份证即可办理所有交易、纳税、登记发证等业务，真正将区块链技术应用到不动产交易管理的全链条。"链税通"项目作为武汉市区块链试点示范，将加快区块链信息基础平台建设，着力提升区块链技术创新能力，推动区块链与城市治理、实体经济、数字经济、民生服务等领域的融合应用。

2021 年 6 月江西省税务局推出"互联网 + 不动产 + 区块链"办税服务新模式，在税务领域应用区块链技术，推动不动产交易涉税业务全程网上"一链办理"，解决了纳税人缴税办证"多头跑"的问题，构建了自主可控、创新发展的江西智慧税务新生态。2021 年 6 月 8 日在抚州成功实现第一笔不动产交易登记税务区块链业务，由此开启了江西省不动产交易大数据共享应用税务区块链时代。2021 年 7 月湖南省税务局在娄底市试点开发推行"区块链 + 不动产"交易平台。该平台是按照"集成上链、一体办理"原则，针对增量房交易、存量房交易 2 类登记业务共 6 个业务场景，运用区块链技术开发的业务办理系统。系统通过构建统一的上下链数据标准，有效集成税务、自然资源与规划、住房保障与城乡建设、公安、民政等多部门信息资源，实现不动产交易办证"一窗受理、一链办结"。区块链技术的防篡改功能，能够对多部门上链数据实现智能防护，最大限度减少人工识别干预，有效管控税源税基，堵塞征管漏洞。通过区块链技术的有效运用，可大幅减少纳税人报送资料，纳税人平均办税时间将从半天提速至 5 分钟以内。

（五）"区块链 + 出口退税"系统

2021 年 8 月全国第一张基于区块链技术的《代理出口货物证明》在深圳市开出，区块链技术首次应用于出口退税领域。随后，广东省税务系统区块链出口退税业务成功上线，主要将区块链技术运用在《代理出口货物证明》《委托出口货物证明》两种证明开具过程中。在两种证明开具过程中，区块链技术能以出口退税海关数据、纳税人基础信息、风险数据、发票数据上链为基础，形成海关数据账本、发票数据账本、税务数据账本链上整合，实现出口退税一户式数据归集，进一步促进委托方税务局、受托方税务局、税务总局和海关之间的数据高效共享，在保障出口退税数据即时共享、安全可靠、应用便捷的同时，缩短代理出口货物证明开具时限。此外，区块链技术还能为受托方税务机关提供便捷的数据自动比对审核功能，为提升出口退税业务的办理效率提供技术支撑。自 2021 年 8 月以来，深圳市税务局与广东省税务局互开区块链《代理出口货物证明》已联调完毕，两地证明可在链上互相接收及使用，实现广东省内跨地区开具区块链证明。

三、区块链技术在改善税收营商环境中的应用

办税程序烦琐、纳税人排长队、涉税资料重复或多头报送等问题曾长期给税务部门和纳税人均带来不同程度的困扰。区块链技术的应用大大改善了税收营商环境，2020 年以来主要体现在，通过技术赋能解决"痛点"，从打造

智能高效服务、深化跨部门间联合协作、优化业务流程等方面，深入推进税务领域"放管服"改革，推动税收营商环境更加公平便捷、智能高效，从而更好地服务纳税主体的发展。

（一）区块链技术应用于数据传输和共享，有效提高征纳双方效率

一是区块链税务管理服务云平台的上线和运行极大提高了征纳双方效率，同时也改善了税收营商环境。2020 年以来，区块链技术的应用配合云平台数据的使用已经实现让可信数据上链流转并产生价值，给诚信企业降本提效；政府部门之间通过共享数据信息提高各部门的工作协同效率和数据治理能力，以改善企业营商环境。深圳市作为全国区块链技术应用试点的排头兵在全国率先示范，2020 年 1 月 10 日，深圳市前海区块链税务管理服务云平台正式上线试运行，该平台运用联盟链技术实现了数据信息安全传输及分布式数据安全存储，一方面帮助纳税人实现税企实时互动，远程进行资料补正、查询，且所有业务资料全程留痕，不可篡改，提升了纳税人的办税体验；另一方面实现了企业、税务部门、政府监管部门之间的互联互通和监管协作，各部门的文书、函件、资料等可在线加密传输，以跑"网路"代替跑"马路"实现工作上的实时互动和协作，形成齐抓共管的局面，有效提升了政务管理效率。

二是"区块链 + 出口退税"业务提高了出口退税领域的征纳效率。出口退税领域未有区块链技术应用之前，纳税人的《代理出口货物证明》由于涉及主体众多，各方很难及时准确地掌握其办理进度和传输时效，代理人、委托人和主管税务机关之间的沟通往往需要耗费大量的时间和成本，这就影响了委托人申报出口退税的效率。《代理出口货物证明》是代理出口业务中，出口货物卖家申报出口退税的重要法定凭证。《代理出口货物证明》上链后，从开具证明到退税申报的多个环节被合并精简，数据传输更加及时、顺畅和高效。此外，区块链技术还具有数据透明、防篡改、实时共享等技术优势，区块链技术应用于证明类业务后，委托方和受托方企业都可实时查询和跟踪办理进度，保证了链上数据的高效比对、精准监管和完整可追溯，提高了税企双方数据的安全性和稳定性，节约了线下沟通成本，提高了业务办理效率，并且可溯源、全链条的出口业务办理及发票流、货物流、资金流、单证流"四流合一"的监管模式，也有助于税务机关实时、准确地研判业务真实性。

（二）区块链技术应用于纳税服务简化，极大提升纳税人满意度

一是区块链技术促进了某些纳税服务事项的便捷化。深圳市区块链车船税完税凭证的成功开具，是区块链技术在税收服务领域的又一创新应用，提升了纳税人的获得感和满意度。以往，纳税人代缴车船税后只能现场取得保险单或电子支付凭证，完税证明需在保险公司或海事局完成代征税款结报后，再到办税大厅换开。现在纳税人只需在"税务数字钱包"微信小程序中点击"换开完税证明"按钮，在几分钟内即可获得电子版的车船完税证明。区块链技术的应用不仅解决了代收代缴、委托代征场景中的开票不便，也保证了税务发票信息上链的实时、真实、不被篡改，还可确保有需要的第三方对税票信息的实时查验。此外，区块链技术在湖北、湖南、江西等地不动产领域的应用，有效精简了纳税人的办税资料和流程，大大压缩了纳税人的办税时间，提升了办税效率，优化了办税体验，大大提升了纳税人的满意度。

二是区块链技术简化了纳税人破产事务的办理流程。2020年7月深圳市税务局联合多部门成立了全国首个运用区块链技术优化破产事务办理的平台——"区块链破产事务办理联动云平台"。破产事务涉及参与方众多，环节烦琐、程序成本高、债权关系复杂，需要反复沟通协调，耗费人力物力。如核实债权人的准确姓名和地址，调查营业场所和沟通渠道，核实法律文件的到位状态等，均需要专门人员配合对接。破产程序中相关邮件递送费、文件的印刷和装订费以及相关的差旅费用等支出的数额都是巨大的。新平台利用区块链技术不可篡改、公开透明、高安全性的特点实现了破产流程中所涉及的政府部门的事务处理和债权申报等事项的全链条管理，这种基于区块链技术的破产事务办理的信息化解决方案便于用户对数据的查询、验证和追溯。平台上线后，破产管理人只要登录平台，就可以在网上完成发出债权申报通知、接收债权申报结果、实时查看各项事务的进展情况等一系列工作，成本近乎零。同时，税务部门与法院、破产管理人之间常态化、规范化的信息共享，让相关部门和其他债权人准确掌握破产事务办理情况，解决了税务部门、法院和破产管理人之间信息不透明、不对称的难题。区块链技术推动了破产事项联动数字化转型，兼顾了效率与信息安全，有效提升了破产事务办理效率，降低了破产事务办理成本。

第二节 区块链技术应用于我国税收治理
经济影响的博弈分析

区块链技术的应用正在我国税收治理体系中逐步推开，并对我国的税收治理及其相关参与实体产生了深刻影响。在我国税收治理中分析采用区块链技术的经济影响，能够使有限理性的参与者在确保自身利润最大化的前提下做出最优选择。近年来伴随数字经济的蓬勃发展，人们可通过在线市场在不同地区间买卖各式各样的商品和服务的交易剧增，税务当局在多司法管辖区间的税收治理面临日益复杂的挑战。特别是跨境在线交易中，以前由于征管成本高而免征增值税的低价值商品交易大量增加，提高了增值税漏报（有意或无意）和增值税税收欺诈的风险。增值税是将商品或劳务流转过程中的增值额作为征税对象的一种流转税，并作为流转税中的主体税一直以来贡献了我国国内税收收入的最大比例，也在我国双主体的税制结构中处于重要地位。另外增值税针对产品流转的每一环节征收，本身就是个链，相关税务信息管理也更适合区块链上链管理。

因此，为研究区块链技术应用对我国税收治理的经济影响，本书选择了增值税征缴的具体环境，基于区块链技术在增值税征管流程中的应用建立伯特兰德博弈模型。伯特兰德博弈模型通常用来模拟两家竞争企业在单一市场中竞争时所采取的行为及其经济决策，而市场活动主体的行为选择和决策并不是完全理性的，通常受心理、社会环境等多种因素影响，其最优化策略也大多是在有限理性的条件下做出的，因而伯特兰德模型也极为适合行为财政视角的分析研究。

一、区块链技术应用对增值税系统经济影响的伯特兰德博弈模型

伯特兰德博弈模型，是一种经典的竞争理论模型，通常用来模拟两家竞争企业在单一市场中竞争时所采取的行为及其经济决策，它探讨了两家竞争企业如何在不同的市场结构下最优化价格策略。该模型将一个企业的行为分

为两类：一类是只考虑自身利益的行为，另一类是考虑对手的行为，以便更好地实现自身利益最大化。当某种产品市场中只有诚实型和不诚实型两种类型的供应商，且供应商之间产品替代性很强时，则该市场状态符合伯特兰德寡头博弈模型。虽然伯特兰德博弈模型较好地分析了市场参与主体的行为选择和决策过程，也在一定程度上确认了市场参与主体之间的互惠行为和合作行为，但行为财政理论更强调人的真实决策过程，认为市场活动中的人进行理性决策，但理性是有限的，其行为通常受到社会制度限制，环境与结构的影响与制约，具有一定程度的社会性，有限理性与社会性的相互作用造就了人的行为的复杂性。且现实中市场情况越复杂，信息透明度越低，就会有越多的参与者偏离理性决策，人们往往没有全面掌握做出最佳决策所需的各种选择信息，甚至在复杂决策环境中在理性与直觉的相互作用、自利偏好与社会偏好的相互作用下做出决策。

因此，本书试图从行为财政视角构建伯特兰德模型研究区块链技术在增值税应用环境中的经济影响，将增值税链条上供应商和零售商的区块链采用决策及其对增值税征收的影响纳入一个标准的伯特兰德寡头博弈模型，以研究区块链如何在经济上影响组织间活动，以及个别组织如何从中受益。

基于行为财政视角构建伯特兰德博弈模型对征纳双方行为决策过程的分析会更为全面，区块链技术的应用也可以从不同因素考虑增值税征收领域的双方决策过程。在现有增值税制度下，增值税链条中供应商虚报增值税可以减少零售商的增值税报销额，然而，由于双方之间的信息不对称，零售商验证供应商诚信的手段有限，供应商的增值税欺诈行为频发，给税务部门和交易对方带来巨大损失。随着数字经济的持续增长，增值税供应链的高度复杂性和动态性以及复杂的跨境税收环境，对征纳双方的行为决策产生了一定的影响。而行为财政中影响征纳双方决策的因素主要有：税收处罚力度、法律完备性、心理成本、税收稽查成本、信任、税收人才和组织的整体素质。因此，区块链技术应用可以基于以上六大因素的考虑通过提高数据完整性、增加交易透明度和降低交易成本，从而使跨组织活动受益。将区块链技术应用于增值税系统可以防止由于供应链不同阶段存在的信息不对称，增加交易透明度，能够提高税收欺诈的心理成本并降低税收稽查成本，从而防止可能出现的与增值税有关的欺诈。

（一）模型假设

现有增值税制度下，增值税链条中的供应商可能会少报增值税以使利润最大化，从而减少零售商的利润。为了防止这种漏报行为，零售商可以采用私有链，但这对于零售商和可能进入该区块链的供应商来说代价都是高昂的。因此，模型假设：①供应商在寻求利润最大化时可能存在寻租行为；②零售商在防止供应商寻租行为的情况下对是否采用区块链技术作出决策。

（二）模型设立

模型包含两类参与者：一个零售商和两个竞争的供应商。供应商分两种类型：诚实（H 型）或不诚实（D 型），且两种类型的供应商具有不同的增值税申报特征，H 型供应商会如实地申报增值税，而 D 型供应商则明知故犯地少报增值税。虽然零售商不知道每个供应商是否诚实，但知道供应商属于 H 型的概率是 $\theta \in （0，1）$，属于 D 型的概率是（$1-\theta$），其中 θ 是常识。每个供应商都明确地知道自己的分类，但不会可信地披露。两类供应商向零售商提供的产品相似。具体模型变量情况说明如表 4-1 所示。

表 4-1　模型变量情况说明

变量	描述	变量	描述
{H,D}	供应商类型：H 诚实型，D 不诚实型	$c_B > 0$	零售商区块链采用成本
$\theta \in （0，1）$	供应商属于 H 型的概率	$\Delta \geq 0$	零售商对采用区块链技术的供应商的激励支付
R	零售商	$t \in （0，1）$	A，B 两种产品的替代程度
$V_i, i \in \{A,B\}$	供应商 A 和 B	c_b	供应商区块链采用成本
ω_i	零售商对供应商 i 的购买价格	CaseBB	两种类型的供应商都进入区块链的情形
q_i	零售商对供应商 i 的购买数量	CaseBN	只有 H 型供应商进入区块链的情形
K>0	零售商增加的利润率	CaseNN	两种类型的供应商都不进入区块链的情形
$P_i = \omega_i （1+k）$	零售商给消费者的零售价	π_i	供应商期望利润
$\sigma \in （0，1）$	增值税法定税率	π_R	零售商期望利润
$\sigma_i \in [0,\sigma]$	供应商申报的增值税税率	–	阈值
$\varepsilon \in [0,1]$	D 型供应商为增值税目的而申报的销售额比例	∧	推测值

资料来源：作者自制。

　　在将区块链技术的应用纳入模型后，如果增值税系统中零售商采用了区块链技术，供应链的追溯能力就会增强，链上的供应商就不能少报增值税。但由于供应商进入区块链系统的成本较高，零售商可以通过提高对上链供应商的购买价格来激励供应商加入该系统。同时，零售商也必须考虑自己的区块链采用成本。

　　博弈分四个阶段：在第一阶段，零售商（R）考虑是否采用区块链系统。如果零售商决定采用，则意味着将会给进入区块链系统的任何供应商提供激励。在第二阶段，供应商自主决定是否进入零售商所采用的区块链系统。零售商和供应商关于区块链采用的决定都是公开可见的。在第三阶段，供应商为提供给零售商的商品设定价格，零售商在增加利润率后再销售给消费者。在第四阶段，零售商和供应商在缴纳增值税后计算各自的利润，博弈结束。随后依据该博弈顺序（如图 4-1 所示），对零售商和供应商的战略互动和各自的决策过程展开详细描述。

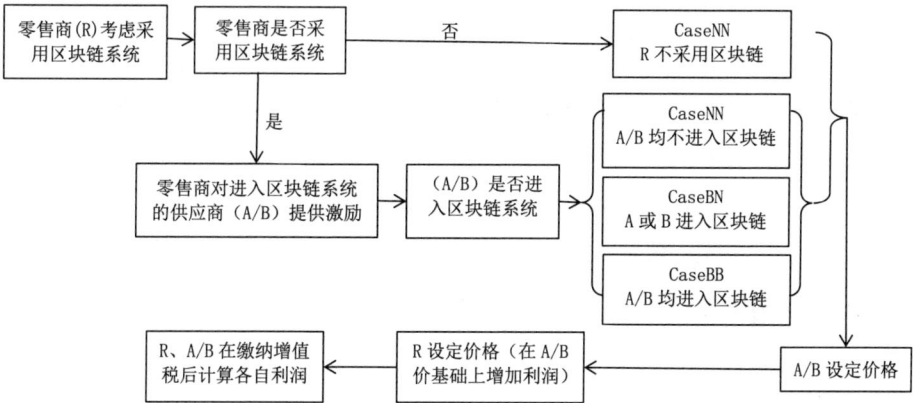

图 4-1　博弈顺序

1. 零售商决策

　　零售商 R 分别从供应商 v_A 和 v_B 处购买商品 A 和 B，并在增加利润率 κ（$\kappa > 0$，外生给定）后将这些商品出售给消费者。零售商对商品的采购价格和采购数量由两个供应商之间的伯特兰德竞争决定，分别表示为 ω_i 和 q_i，$i \in \{A, B\}$。零售商以零售价 $P_i = \omega_i(1+k)$，$i \in \{A, B\}$ 将商品卖给消费者。如果零售商不采用区块链技术，其利润函数如下：

$$\sum_{i=A,B}(P_i-\omega_i)q_i-\sigma P_iq_i+\sigma_i\omega_iq_i \qquad (4-1)$$

其中 $\sigma\in(0,1)$ 为法定增值税率，$\sigma_i\in[0,\sigma]$ 为供应商 i 的申报税率。在不采用区块链技术时，如果供应商 i 是诚实的，则 $\sigma_i=\sigma$；如果供应商 i 不诚实，则 $\sigma_i=\sigma\varepsilon$，$\varepsilon\in[0,1)$ 其中 ε 为 D 型供应商申报的销售额的一部分。由方程（4-1）可知，如果供应商少报增值税销项税将会削减零售商的利润。

为防止供应商的增值税漏报，零售商可以 $c_B>0$ 的成本采用区块链技术与供应商交易，且为鼓励供应商采用区块链技术，零售商也可对任何采用区块链技术的供应商在每件商品购买价 ω_i 的基础上增加支付 $\Delta\geqslant0$ 作为激励。在零售商采用区块链技术时，其利润函数如下：

$$\sum_{i=A,B}\{(P_i-\omega_i-1_i\Delta)q_i-\sigma P_iq_i+[(1-1_i)\sigma_i+1_i\sigma](\omega_i+1_i\Delta)q_i\}-c_B \qquad (4-2)$$

上式中若供应商 $i\in\{A,B\}$ 进入区块链系统，则 $1_i=1$，不进入则 $1_i=0$。虽然方程（4-2）中的消费者零售价格 P_i、零售商购买价格 ω_i 和购买数量 q_i 与方程（4-1）相同，但都是由各个供应商的条件决定的内生变量。因此，当供应商的激励和约束不同时，方程（4-1）和方程（4-2）中得到 P_i，ω_i，q_i 价格也将不同。而供应商的激励和约束又取决于零售商是否采用区块链技术。

零售商在决定是否采用区块链技术时，需要考虑区块链技术的应用成本、购买价格的变化、从增值税节税中获得的好处以及对供应商将如何回应区块链采用决策和激励的猜测。

2. 供应商决策

供应商 A 和 B 进行伯特兰德竞争，并设定向零售商提供产品的价格 ω_i，预期需求函数如下：

$$q_i=\alpha-\beta P_i+\beta tp_j,i,j\in\{A,B\},i\neq j \qquad (4-3)$$

其中 $t\in(0,1)$ 为 A，B 两种产品之间的替代程度，$\alpha=1/(1+t)$，$\beta=1/(1-t^2)$。假定供应商是对称但有区别的，且需求函数为参与者所共知。需求 q_i 由零售商向消费者销售商品的零售价格 P_i 决定，P_i 最终由零售商从供应商购进商品的购买价 ω_i 决定，并在此基础上增加给定利润率 k>0。此外，随着两种产品之间的可替代程度的提高，两种产品的相对价格在确定每种产品的需求时变得更加重要。

在不采用区块链技术的情况下，供应商 i 将解决以下问题以实现利润最大化：

$$arg \max_{\omega_i} \omega_i \left[\alpha - \beta \omega_i (1+k) + \beta t \widehat{p_j} \right] (1 - \sigma_i) \qquad （4-4）$$

其中 $\widehat{p_j}$ 表示供应商 i 对供应商 j 的价格猜测，σ_i 表示供应商 i 的增值税申报率，由其类型决定。如果供应商 i 是诚实的，则 $\sigma_i = \sigma$；如果供应商 i 不诚实，则 $\sigma_i = \sigma \varepsilon$，$\varepsilon \in [0，1)$。

如果零售商采用区块链技术，供应商 i 选择进入，其利润最大化的函数如下：

$$arg \max_{\omega_i} (\omega_i + \Delta) \left[\alpha - \beta \omega_i (1+k) + \beta t \widehat{p_j} \right] (1 - \sigma) - c_b \qquad （4-5）$$

虽然供应商必须承担区块链采用成本 $c_b > 0$，但对每个商品的销售也将收到零售商的额外激励 Δ，这种激励允许供应商降低其销售价格，从而增加对其产品的需求。且一旦供应商采用区块链技术，该技术带来的透明度的增加将迫使供应商如实地进行增值税申报，即 $\sigma_i = \sigma$。

每个供应商是否进入区块链系统取决于其增值税申报策略（或类型）、其对其他供应商类型和策略的猜测、采用区块链技术的成本，以及所有这些因素最终如何影响其净利润。

3. 均衡定义

模型中的均衡由零售商是否采用区块链技术、采用区块链技术的激励 Δ、供应商是否进入区块链系统，以及供应商的销售价格 ω_i 构成。均衡时：①在对供应商策略的猜测给定时，零售商对区块链技术采用的选择使其预期利润最大化。②在零售商策略和对其他供应商策略的猜测给定时，供应商对定价和是否进入区块链系统的决定使其利润最大化。③所有猜想都与均衡中的实际选择一致。

二、模型演化

供应商在决定是否加入区块链系统并观察其他供应商对区块链技术的采用决策之后才能确定自己的价格，因此可采用逆推法求解模型。首先，在区块链采用或不采用的既定情形下，求解供应商的定价策略。其次，求解激励供应商进入区块链系统的条件。然后，在区块链采用或不采用的既定情形下，找到能够最大化零售商预期利润的激励选择。最后，通过比较零售商采用区块链和不采用区块链时的预期利润来求解零售商的区块链采用决策。

（一）供应商分析

供应商的区块链采用决策取决于他们的类型（H 型或 D 型）以及他们对其他供应商类型的猜测。根据参与方的区块链采用策略，只有三种可能的情况：两类供应商都进入区块链（Case BB）；只有 H 型供应商进入区块链（case BN）；两类供应商均不进入区块链（Case NN）。此外，由于 D 型供应商的区块链采用成本高于 H 型供应商，而采用区块链技术的好处是相同的，且 D 型供应商不仅要承担采用区块链技术的直接成本，还必须放弃少报增值税的做法，所以不可能出现只有 D 型供应商进入区块链的情况。

（1）Case NN：如果两个供应商都不进入区块链系统，并推测另一个供应商也会这样做，那么两个供应商都会求解等式（4-4），联合求解得到的供应价格和数量如下：

$$\omega^{NN} = \frac{\alpha}{(2-t)\beta(1+k)} \qquad (4\text{-}6)$$

$$q^{NN} = \frac{\alpha}{2-t} \qquad (4\text{-}7)$$

（2）Case BN：如果只有一个供应商进入区块链系统，该供应商将求解等式（4-5），而没有进入区块链系统的供应商将求解等式（4-4）。联合求解得进入区块链系统的供应商的价格和需求分别为：

$$\omega_B^{BN} = \frac{(2+t)\alpha - 2\beta\Delta(1+k)}{(4-t^2)\beta(1+k)} \qquad (4\text{-}8)$$

$$q_B^{BN} = \frac{(2+t)\alpha + (2-t^2)\beta\Delta(1+k)}{4-t^2} \qquad (4\text{-}9)$$

未进入区块链系统的供应商的价格和需求分别为：

$$\omega_N^{BN} = \frac{(2+t)\alpha - t\beta\Delta(1+k)}{(4-t^2)\beta(1+k)} \qquad (4\text{-}10)$$

$$q_N^{BN} = \frac{(2+t)\alpha - t\beta\Delta(1+k)}{4-t^2} \qquad （4-11）$$

由上可知，$\omega_B^{BN} < \omega_B^{BN}$，$q_B^{BN} > q_N^{BN}$。由于零售商为进入区块链的供应商提供了额外的激励，所以该供应商可以较低的价格获得较高的需求。

（3）Case BB：当两个供应商都进入区块链系统，并推测其他供应商也会这样做，则两个供应商都会求解等式（4-5），由此得出的供应价格和数量如下：

$$\omega^{BB} = \frac{\alpha - \beta\Delta(1+k)}{(2-t)\beta(1+k)} \qquad （4-12）$$

$$q^{BB} = \frac{\alpha + (1-t)\beta\Delta(1+k)}{2-t} \qquad （4-13）$$

由于 $\omega^{BB} > 0$，所以在 BB 情形中零售商给出的激励 Δ 不会大于 $\dfrac{\alpha}{\beta(1+k)}$。

（4）Case NN：如果两种类型的供应商均不进入区块链，则供应商的预期利润为：

$$\pi_i^{NN} = \omega^{NN} q^{NN}(1-\sigma_i) = \frac{\alpha^2(1-\sigma_i)}{(2-t)^2\beta(1+k)} \qquad （4-14）$$

如果供应商 i 是 H 型的，则 $\sigma_i = \sigma$；如果供应商 i 为 D 型，则 $\sigma = \sigma\varepsilon$，$\varepsilon \in [0, 1)$。

（5）Case BB：当两种类型的供应商都进入区块链时，供应商的预期利润为：

$$\pi^{BB} = \frac{\left[\alpha + (1-t)\beta\Delta(1+k)\right]^2(1-\sigma)}{(2-t)^2\beta(1+k)} - c_b \qquad （4-15）$$

（6）Case BN：当只有 H 型供应商进入区块链，每种类型的供应商都有时，H 型供应商的利润为：

$$\pi_B^{BN} = \frac{\left[(2+t)\alpha + (2-t^2)\beta\Delta(1+k)\right]^2(1-\sigma)}{(4-t^2)^2\beta(1+k)} - c_b \qquad （4-16）$$

D 型供应商的利润为：

$$\pi_N^{BN} = \frac{\left[(2+t)\alpha - t\beta\Delta(1+k)\right]^2 (1-\sigma\varepsilon)}{(4-t^2)^2 \beta(1+k)} \qquad (4\text{-}17)$$

上述各等式中的下标 B（N）代表区块链采用（或不采用）。通过比较供应商的利润，可以得出每种情况下供应商的激励约束得到满足的范围。

如果零售商不采用区块链，供应商就会选择不进入区块链，因此在 Case NN 中不需要考虑激励约束。假设零售商采用区块链并设置激励 Δ，使两种类型供应商都进入区块链系统。在这种情况下，供应商的利润预期为 π^{BB}。如果 D 型供应商在预期其他供应商会采用区块链时就会选择不采用区块链，那么其预期利润将为 π_N^{BN}。比较 π^{BB} 和 π_N^{BN} 可得 Case BB 中 D 型供应商的激励约束：

$$c_b < \frac{\left[\alpha + (1-t)\beta\Delta(1+k)\right]^2 (1-\sigma)}{(2-t)^2 \beta(1+k)} - \frac{\left[(2+t)\alpha - t\beta\Delta(1+k)\right]^2 (1-\sigma\varepsilon)}{(4-t^2)^2 \beta(1+k)} \qquad (4\text{-}18)$$

上式中当 Δ=0 时，不等式（4-18）右侧为负，在 $\Delta = \dfrac{\alpha}{\beta(1+k)}$ 上述不等式满足，并且存在一个 $\overline{\Delta_D^{BB}}$，即对于 $\Delta \geqslant \overline{\Delta_D^{BB}}$，当 $c_b < \overline{c_b}$ 和 $\sigma < \overline{\sigma}$ 时，D 型供应商将采用区块链。其中，

$$\overline{c_b} \equiv \frac{(1-t)(6-t^2)(2-t^2)}{(1+t)(4-t^2)^2(1+k)} \qquad (4\text{-}19)$$

$$\overline{\sigma} \equiv \frac{(1-t)(6-t^2)(2-t^2) - c_b(1+t)(4-t^2)^2(1+k)}{(1-t)\left[(4-t^2)^2 - 4\varepsilon\right]} \qquad (4\text{-}20)$$

H 型供应商的利润与 Case BB 中的 D 型供应商相同。然而，如果 H 型供应商偏离 Case BB 且不采用区块链，其利润将低于 D 型供应商，因为 H 型供应商没有少报其增值税。因此，在 Case BB 中 D 型供应商的激励约束比 H 型供应商的激励约束更严格；只要 $\Delta \geqslant \overline{\Delta_D^{BB}}$，H 型供应商将采用区块链。$\overline{\Delta_D^{BB}}$ 可以通过设置（4-18）式相等求解，并在 0 和 $\dfrac{\alpha}{\beta(1+k)}$ 之间找到解。

（二）零售商分析

零售商根据其对供应商策略的预测，决定是否采用区块链技术以及对供应商的激励支付，以最大化其预期利润。

（1）Case NN：当两种类型的供应商都不采用区块链时，零售商 R 的预期利润为：

$$\pi_R^{NN} = 2q^{NN} \left[P^{NN} \left(1-\sigma\right) - \omega^{NN} \left(1 - E\left[\sigma_i\right]\right) \right] = \frac{2\alpha^2 \left[k\left(1-\sigma\right) - \left(1-\varepsilon\right)\left(1-\theta\right)\sigma \right]}{\left(2-t\right)^2 \beta \left(1+k\right)}$$

（4-21）

（2）Case BB：当零售商期望两种类型的供应商都采用区块链时，其预期利润为：

$$\pi_R^{BB} = 2q^{BB} \left(P^{BB} - \omega^{BB} \right)\left(1-\sigma\right) - c_B = \frac{2\left(1-\sigma\right)\left[\alpha + \left(1-t\right)\beta\Delta\left(1+k\right) \right]\left[\alpha k - \beta\Delta\left(2-t+k\right)\left(1+k\right) \right]}{\left(2-t\right)^2 \beta\left(1+k\right)} - c_B$$

（4-22）

（3）Case BN：当零售商预测只有 H 型供应商会采用区块链时，基于以下构想：两个供应商都采用区块链技术的概率为 θ^2；两个供应商均不采用区块链技术的概率为 $\left(1-\theta\right)^2$；只有一个供应商采用区块链技术的概率为 $2\theta\left(1-\theta\right)$。因此，在这种情况下，零售商的预期利润变为：

$$\pi_R^{BN} = -c_B + \theta^2 \pi_R^{BB} + \left(1-\theta\right)^2 \pi_R^{NN} + 2\theta\left(1-\theta\right)\left\{ \left(P_B^{BN} - \omega_B^{BN} \right)q_B^{BN}\left(1-\sigma\right) + \left[P_N^{BN}\left(1-\sigma\right) - \omega_N^{BN}\left(1-\sigma_0\right) \right]q_N^{BN} \right\}$$

（4-23）

每种情况下在能够满足供应商激励约束的相应激励既定时，通过比较零售商的利润，可以求解零售商的区块链采用决策，并确定能使零售商预期利润最大化的激励选择。

模型中零售商只有当不诚实的供应商进入区块链时才能从区块链的采用中获益，因为增加的透明度可以防止欺诈性的增值税漏报。由于 H 型供应商已经如实申报了，他们采用区块链不会使零售商受益。且由于零售商采用区块链技术和激励供应商进入的成本高昂，如果只有 H 型供应商进入系统，零售商采用区块链的额外成本是不值得的，零售商将不会从区块链的采用中受益。因此，零售商更喜欢 Case NN 而不是 Case BN，只需比较 Case NN 和 Case BB 来总结零售商区块链采用决策的均衡。

如果 R 选择采用区块链，它将选择最低的激励 Δ，即 $\overline{\Delta_D^{BB}}$，这样两种供应商类型都将进入区块链。比较 π_R^{NN} 和 π_R^{BB} 可得，在以下条件下 R 更喜欢采用区块链并实现 Case BB：

$$\Leftrightarrow c_B < \frac{2(1-t)(1-\varepsilon)(1-\theta)\sigma}{(1+t)(2-t)^2(1+k)} - 2(1-\sigma)\Delta\frac{\left[2-t(1-k)\right]+\Delta(1+k)(2-t+k)}{(1+t)(2-t)^2}$$

（4-24）

当 $\Delta=0$ 时，（4-24）式的右侧值为 $\frac{2(1-t)(1-\varepsilon)(1-\theta)\sigma}{(1+t)(2-t)^2(1+k)}$。换句话说，当零售商的区块链采用成本大于 $\frac{2(1-t)(1-\varepsilon)(1-\theta)\sigma}{(1+t)(2-t)^2(1+k)}$ 时，零售商 R 将永远不会采用区块链，无论是否向供应商提供激励措施。为了让零售商在采用区块链的同时还期望两种供应商类型都进入区块链，就必须在 $\Delta=\overline{\Delta_D^{BB}}$ 上满足（4-24）式。我们将这个值设置为：

$$\overline{c_B} = \frac{2\left\{(1-t)(1-\varepsilon)(1-\theta)\sigma - \overline{\Delta_D^{BB}}(1-\sigma)(1+k)\left[2-t+tk+\overline{\Delta_D^{BB}}(1+k)(2-t+k)\right]\right\}}{(1+t)(2-t)^2(1+k)}$$

（4-25）

在以上分析的基础上可知，当 $c_b > \overline{c_b} = \frac{(1-t)(6-t^2)(2-t^2)}{(1+t)(4-t^2)^2(1+k)}$ 时，供应商不会采用区块链，无论零售商提供何种激励；当 $c_B > \frac{2(1-t)(1-\varepsilon)(1-\theta)\sigma}{(1+t)(2-t)^2(1+k)}$ 时，零售商将永远不会采用区块链，无论是否需要向供应商提供激励措施；当 $c_b < \overline{c_b}$，$\sigma < \overline{\sigma}$，$c_B < \overline{c_B}$ 时，零售商将采用区块链，并通过设置 $\Delta=\overline{\Delta_D^{BB}}$ 来激励两类供应商都进入区块链。因此可进一步分析得出供应商和零售商采用区块链的决策如何受 t、θ、σ、c_b、c_B 等因素的影响。供应商和零售商各自的区块链采用成本对其决策的影响见表4-2。由表4-2中的图a和图b可知，在产品替代率 t 和供应商类型 θ 一定时，增值税税率 σ 越高，供应商区块链采用

成本的阈值 $\overline{c_b}$ 越低，零售商区块链采用成本的阈值 $\overline{c_B}$ 越高。在税率既定的情况下，产品替代率 t 和 H 型供应商的概率 θ 对供应商区块链采用成本及决策的影响见表 4-3。将表 4-3 中的图 a 与图 c 比较可知，产品替代率 t 越大，供应商区块链采用成本的阈值 $\overline{c_b}$ 越低，供应商越不愿采用区块链。产品替代率越大供应商之间的竞争越激烈，供应商分配给区块链采用的预算会更少，因而不愿采用。将表 4-3 中的图 a 与图 d 比较可知，诚信供应商的比例 θ 越低，零售商越愿意采用区块链技术，以防止供应商少报增值税。因为在 θ 值较低的情况下，即使税率相对较低，预期被漏报的增值税最终也会很高。

表 4-2　区块链采用成本对供应商和零售商决策的影响

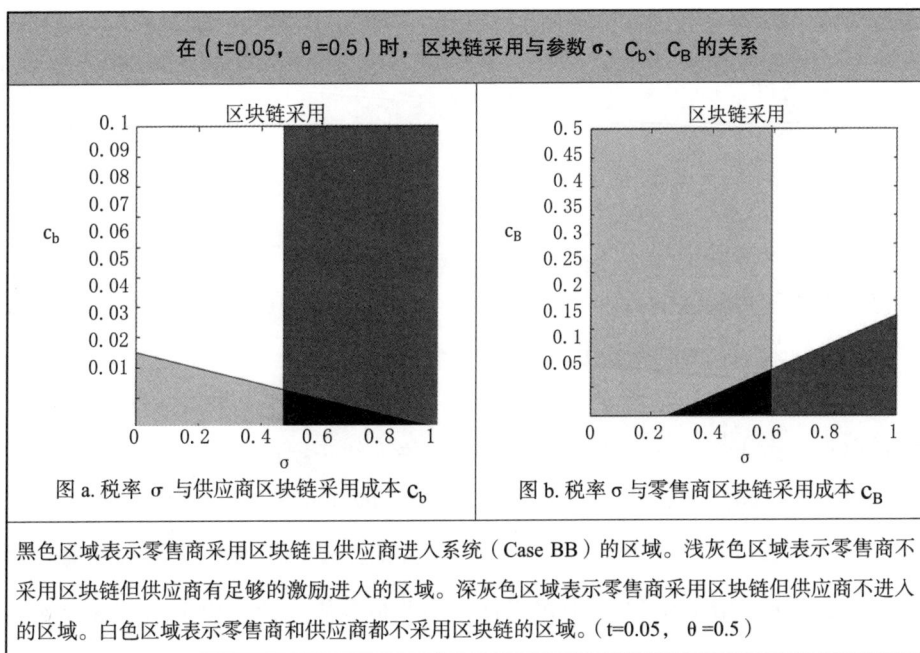

图 a. 税率 σ 与供应商区块链采用成本 c_b　　　图 b. 税率 σ 与零售商区块链采用成本 c_B

黑色区域表示零售商采用区块链且供应商进入系统（Case BB）的区域。浅灰色区域表示零售商不采用区块链但供应商有足够的激励进入的区域。深灰色区域表示零售商采用区块链但供应商不进入的区域。白色区域表示零售商和供应商都不采用区块链的区域。（t=0.05，θ=0.5）

表4-3　产品替代率t和H型供应商的概率θ对供应商区块链采用成本及决策的影响

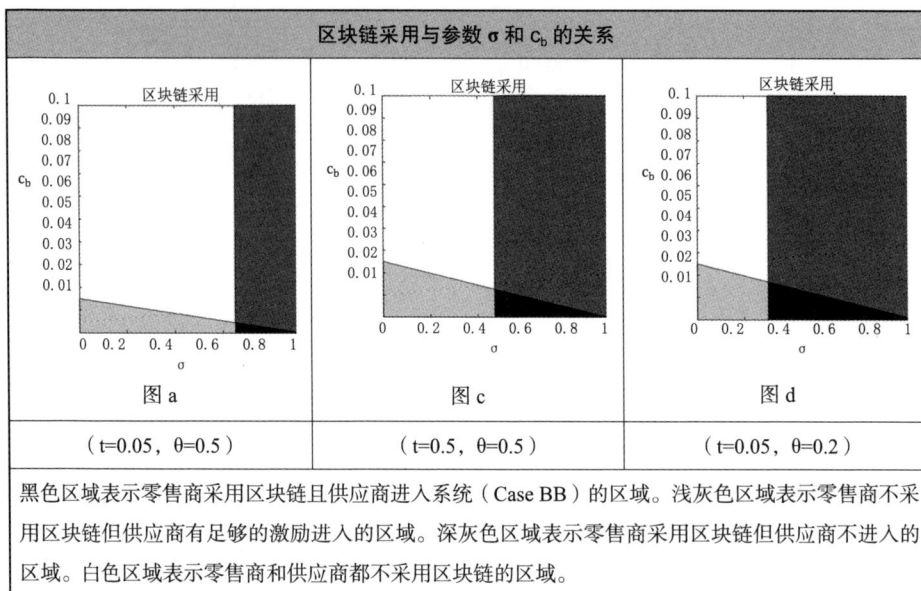

区块链采用与参数 σ 和 c_b 的关系		
图a	图c	图d
（t=0.05，θ=0.5）	（t=0.5，θ=0.5）	（t=0.05，θ=0.2）
黑色区域表示零售商采用区块链且供应商进入系统（Case BB）的区域。浅灰色区域表示零售商不采用区块链但供应商有足够的激励进入的区域。深灰色区域表示零售商采用区块链但供应商不进入的区域。白色区域表示零售商和供应商都不采用区块链的区域。		

（三）税务机关分析

在增值税系统中应用区块链技术也会影响税收征管机构的税收收入及其处理错报或漏报税款的成本。在可行情形 Case NN 和 Case BB 下重点分析区块链技术的采用如何影响税务机关的利润。

如果不采用区块链技术（Case NN），短期内零售商、供应商和税务机关之间存在信息不对称。假设长期内税务机关为纠正税收误报可能会产生额外的成本。在这些假设条件下，增值税申报过程展开如下：

采用发票抵扣法的增值税税收征管机构依据零售商和供应商各自销售额的全部 $2q^{NN}(P^{NN}\sigma + \omega^{NN}E[\sigma_i])$ 进行征税，并根据供应商的申报向零售商提供税收抵免 $2q^{NN}(\omega^{NN}E[\sigma_i])$。因为税务机关从供应商那里收取的税款与支付给零售商的税收抵免相互抵消，所以短期内税务机关的预期利润为：

$$T_{short}^{NN} = 2q^{NN}P^{NN}\sigma \qquad (4-26)$$

如果零售商要求修改因 D 型供应商的虚假报税而产生的不正确的税收抵免，税务机关将通过向零售商支付正确的抵免来纠正不正确的税收抵免。假设该过程发生在增值税申报周期的中期时段，则中期内税务机关的预期利润为：

$$T_{medium}^{NN} = 2q^{NN} P^{NN} \sigma - 2q^{NN} \omega^{NN} \left(\sigma - E[\sigma_i] \right) - c_{f-medium} \tag{4-27}$$

其中 $c_{f-medium}$ 是为纠正由 D 型供应商的虚假报税而引起的不正确税收抵免和向零售商支付正确的税收抵免而产生的预期成本。该成本表示为 $c_{f-medium} = 2c_s (1-\theta)$，其中 c_s 是税务机关为上述稽查和修正所花费的成本，$2(1-\theta)$ 为至少有一个 D 型供应商的概率。在中期，由于信息不对称，税务机关给予零售商的税收抵免大于从供应商征收的税收。

长期中，税务机关会进行审计以确定 D 型供应商的漏报税款。如果税务机关识别出虚假报税的供应商，其由此产生的利润为：

$$T_{long}^{NN} = 2q^{NN} P^{NN} \sigma - c_{f-long} \tag{4-28}$$

其中 $c_{f-long} = c_{f-medium} + 2c_s (1-\theta)$ 是税务机关识别和纠正虚假报税的总成本，计算了税务机关必须支付的额外稽查费用，c_s 为纠正 D 型供应商误报增值税并正确地征税的成本。在中期和长期之间进行扩大稽查时，税务机关将综合考虑行政和合规成本以及防止进一步误报的潜在收益来进行成本效益分析。

如果在连接零售商和供应商的供应链上采用区块链技术，税务机关的利润为 $T_{BB} = 2q_i^{BB} \sigma p_i^{BB}$。由于区块链技术阻止了相关实体的漏报税行为，因此它的采用将不会产生稽查和纠正税收错报的任何成本。由于 $q_i^{NN} p_i^{NN} - q_i^{BB} p_i^{BB} \geqslant 0$，如果税收稽查成本 c_s 或供应商的供应量 q_i^{NN} 的值较高，或供应商属于 H 型的概率 θ 的值较低，税收稽查成本 c_s 将显著高于税务机关采用区块链（相对于不采用区块链而言）获得的额外利润。数字经济中交易的商品越多，税务机关将更倾向于采用区块链技术来控制增值税的误报。如果低价值的商品交易较多（即如果 p_i^{NN} 和 p_i^{BB} 较低），税务机关认为税收稽查成本 c_s 相对较高，因此更倾向于采用区块链来控制增值税的误报。

税务机关也可以对虚假报税实体实施处罚机制。假设税务机关对虚报税款的 D 型供应商征收 c_p 的惩罚，这种惩罚有两个作用：第一它通过增加虚假报税成本来防止供应商虚假报税；第二从税务机关的角度来看，c_p 本质上就是收入。因此，引入这一惩罚措施将减少税收误报的发生，也将减少税务机关的稽查净成本。从税务机关的角度看，这两种影响都会减少采用区块链的净收益。然而，模型表明，惩罚机制并不能完全抵消区块链采用对防止供应商虚假报税的影响，除非税务机关能够施加足够高的惩罚以阻止所有的虚假报税。

此外，税务机关作为政策制定者，更重视因虚假报税引发的稽查和纠正等成本及社会整体福利。税务机关期望通过采用区块链技术优化税收治理，进而提高社会整体福利。如果将社会福利视为相关实体（零售商、供应商、税务机关）的利润总和，则长期中，在可行情况下（Case NN 和 Case BB）的预期社会福利可表示如下：

$$SW_{NN} = \pi_R^{NN} + \sum_{i=A,B} \pi_i^{NN} + T_j^{NN}, j \in \{medium, long\} \qquad (4-29)$$

$$SW_{BB} = \pi_R^{BB} + \sum_{i=A,B} \pi_i^{BB} + T_{BB} \qquad (4-30)$$

对 SW_{NN} 和 SW_{BB} 进行比较可知，如果虚假报税引起的稽查和纠正成本大大超过区块链采用成本（$c_s > 2c_b + c_B$），则税务机关应鼓励零售商和供应商采用区块链。由前述分析可知，零售商和供应商在区块链采用成本低于一定阈值时才会采用区块链。因此，税务机关为提高社会福利，在零售商和供应商均不采用区块链情况下可能会补贴区块链采用成本，来鼓励零售商和供应商采用区块链。表 4-4 展示了在实现社会福利最大化时，优先考虑社会福利的税务机关与零售商和供应商的区块链采用决策的不同。

表 4-4　社会福利最大化时供应商、零售商和税务机关的区块链采用决策

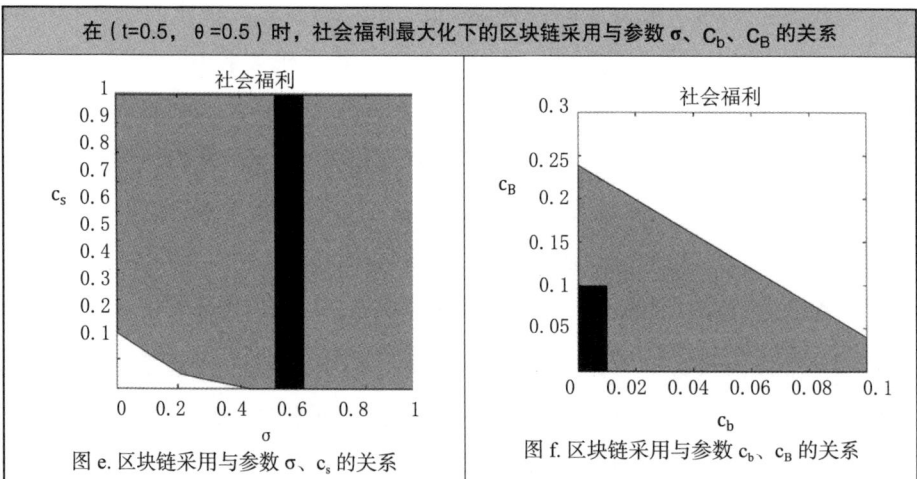

图 e. 区块链采用与参数 σ、cₛ 的关系　图 f. 区块链采用与参数 cᵦ、c_B 的关系

黑色区域表示在 c_s、c_b、c_B 和 σ 参数值下通过采用区块链实现社会福利最大化的区域，即税务机关、零售商和供应商均采用区块链（Case BB）的区域。灰色区域表示实现社会福利最大化时仅有税务机关采用区块链，但零售商和供应商都不采用区块链（Case NN）的区域。白色区域表示在不采用区块链的情况下实现社会福利最大化的区域，即税务机关、零售商和供应商都不采用区块链（Case NN）的区域。（t=0.5，θ=0.5）

区块链的采用首先是基于零售商和供应商的选择自然发生的，然后可通过中间值税率 σ 实现社会福利最大化。表 4-4 中图 e 表明在产品替代率 t 和供应商类型 θ 一定时，高税率会鼓励税务机关采用区块链，而零售商和供应商则决定不采用。此外，如果税率 σ 明显较低，税务机关和零售商就可能会不大在意虚假报税造成的潜在损失，因而不采用区块链，如图 e 中的白色区域。且图 e 中灰色区域大于白色区域，说明对更注重社会福利的税务机关来讲，采用区块链更有助于提高社会整体福利，因而更符合税务机关以数治税的理念。表 4-4 中图 f 表明，如果零售商和供应商的区块链采用成本（c_B 和 c_b）相对较高，则零售商和供应商均不会采用区块链，但税务机关考虑到区块链采用对社会福利的潜在好处会更倾向采用。在这种情况下，税务机关可以考虑补贴零售商和供应商的区块链采用成本。但由于税务机关只有在 $c_s > 2c_b + c_B$ 情况下才会采用区块链技术并鼓励供应商和零售商也采用，如果区块链采用成本 c_B 和 c_b 相对较高，则税务机关采用区块链的可能就会减小，因此图 f 中白色区域大于黑色区域，即尽管采用区块链更易实现社会福利最大化，但如果区块链采用成本过高则会抑制各方对区块链的采用，使通过采用区块链实现社会福利最大化的区域减小。图 f 也表明供应商对区块链采用成本更敏感，税务机关可以考虑向该特定群体分配更多的补贴。

三、演化模型代入算例解析

由于某一特定地区内某种品牌汽车的供应商数量有限，且提供的产品相似，并在该品牌汽车销售市场中进行寡头竞争。以邯郸市大众汽车市场为例，上汽大众和一汽大众两家公司作为大众汽车销售市场的两大供应商，整个邯郸市区内的八个大众汽车销售网点作为该市场的零售商。且上汽大众和一汽大众两大供应商提供的汽车质量相当只是车型不同，具有很强的替代性，上汽大众和一汽大众两家大众汽车供应商在整个邯郸市大众汽车销售市场上进行寡头竞争，该市场状态符合用于模拟两家竞争企业在单一市场中竞争的标准的伯特兰德寡头博弈模型。此外，按照行为财政的理论逻辑，税务机关可以运用奖惩机制来提高税收遵从度，基于前景理论和心理账户理论，奖励机制效果较弱，惩罚机制效果明显，情感机制有一定效果。税收处罚力度、心理成本、税收稽查成本、信任等是影响征纳双方行为选择的重要因素。而在大众汽车销售市场上下游的供应商和零售商之间可以通过价格和销量对供应商和零售商是否进入区块链系统形成激励机制，且供应商之间及供应商和零售商之间的信任度的提高会减少其相互的欺诈和寻租行为，大众汽车销售市场中供应商、零售商和税收征管机构之间的信息透明度提高，会提高供应商逃税骗税的心理成本并降低税务机关的税收稽查成本，且税务机关惩罚机制的健全、处罚力度的加大能提高逃税骗税的心理成本，从而使提高税收遵从度的效果明显。因此，为明晰区块链技术应用对增值税系统的经济影响，接下来以邯郸市大众汽车市场的销售情况为例对模型进行赋值演示。

首先，需要设定必要的参数。根据对邯郸市税务局征收管理科的调研获取的关于整个邯郸市区内八个大众汽车销售网点销售情况的相关数据（见表4-5），为便于模型分析对调研数据进行适当调整，取邯郸市大众汽车总销量的平均值及各销售网点每辆汽车的平均进价和平均售价为未采用区块链技术时各销售网点的销量和价格，即设定 $q^{NN}=300$，$P^{NN}=13$，$\omega^{NN}=12$。[①] 鉴于邯郸市内大众汽车的供应商和零售商均尚未采用区块链技术，没有实践数据可依据，只能在现有数据的基础上，结合前述模型分析条件，对采用区块链技术后的销量和价格进行合理假设。

由前述模型分析可知，$q^{BB}>q^{NN}$，$P^{BB}<P^{NN}$，$\omega^{BB}<\omega^{NN}$，$\omega_B^{BN}<\omega_N^{BN}$，$q_B^{BN}>q_N^{BN}$，即各方都采用区块链技术时的销量高于各方均不采用时的销量，各方都采用区块链技术时的价格低于各方均不采用时的价格；当只有一方供应商进入区块链系统时，进入方的价格不仅会低于不采用区块链技术的供应商，而且低于双方均进入区块链系统时的价格，进入方的销量会高于不进入方且高于双方均进入时的销量，而未进入方的销量和价格则反之。因此，在满足

---

① 数据来源：对邯郸市税务局征收管理科的走访调研。

上述分析条件时，结合调研数据可在对未采用区块链技术时设定的销量和价格进行适当调整后作出如下假设：假设 $q^{BB}=500$，$P^{BB}=11$，$\omega^{BB}=10$，$\omega_B^{BN}=9$，$\omega_N^{BN}=13$，$q_B^{BN}=600$，$q_N^{BN}=200$。根据对市场中不诚信供应商申报的销售额的估计设定 $\varepsilon=20\%$。由于我国增值税一般纳税人的税率为 13%，因此设定增值税税率 $\sigma=13\%$。

表 4-5 邯郸市区大众汽车销售网点 2022 年 12 月份的销售情况

大众汽车供应商	大众汽车销售网点	销量（辆）	销售额 / 万元	增值税额 / 万元
上汽大众	上汽大众（北环旗舰店）	410	5330	53.30
	邯郸市隆运汽车销售服务有限公司	360	4680	46.80
	邯郸市荣沪汽车销售有限公司	390	5070	50.70
	邯郸恒信众和汽车销售服务有限公司	400	5200	52.00
一汽大众	邯郸市华迈汽车销售服务有限公司	240	3120	31.20
	邯郸市华锦汽车销售服务有限公司	215	2795	27.95
	邯郸市融善汽车贸易有限公司	190	2470	24.70
	邯郸市融贤汽车贸易有限公司	195	2535	25.35

资料来源：作者对邯郸市税务局征收管理科的调研。

（一）供应商分析

如果两种类型的供应商均不进入区块链，则 H 型供应商的预期利润为：$\pi^{NN}=\omega^{NN}q^{NN}(1-\sigma)=12\times300\times87\%=3132$。D 型供应商的预期利润为：$\pi^{NN}=\omega^{NN}q^{NN}(1-\sigma\varepsilon)=12\times300\times(1-13\%\times20\%)=3506.4$。

当两种类型的供应商都进入区块链时，供应商的预期利润为：$\pi^{BB}=\omega^{BB}q^{BB}(1-\sigma)-c_b=10\times500\times(1-13\%)-c_b=4350-c_b$。

当只有 H 型供应商进入区块链，每种类型的供应商都有时，H 型供应商的利润为：$\pi_B^{BN}=\omega_B^{BN}q_B^{BN}(1-\sigma)-c_b=9\times600\times(1-13\%)-c_b=4698-c_b$。D 型供应商的利润为：$\pi_N^{BN}=\omega_N^{BN}q_N^{BN}(1-\sigma\varepsilon)=13\times200\times(1-13\%\times20\%)=2532.4$。

由上可知，当两种类型的供应商均不进入区块链时，H 型供应商的预期利润明显低于 D 型供应商，即不诚信供应商可能存在骗税行为以增加其利润。而当只有 H 型供应商进入区块链时，D 型供应商的预期利润比两类供应商均不进入区块链时还低，即诚信型供应商对区块链技术的采用会降低不诚信供应商的利润，并促使其进入区块链系统。当两种类型的供应商都进入区块链时只要供应商的区块链采用成本 $c_b < 4350$ 时，供应商即可获利。因此区块链技术的应用能够减少供应商的骗税行为，提高供应商逃税骗税的心理成本。

（二）零售商分析

当两种类型的供应商都不采用区块链时，零售商 R 的预期利润为：

$$\pi_R^{NN} = 2q^{NN}\left[P^{NN}(1-\sigma) - \omega^{NN}(1-\sigma\varepsilon)\right] = 2*300*\left[13*(1-13\%) - 12(1-13\%*20\%)\right] = -226.8$$

当零售商期望两种类型的供应商都采用区块链时，其预期利润为：

$$\pi_R^{BB} = 2q^{BB}\left(P^{BB} - \omega^{BB}\right)(1-\sigma) - c_B = 2*500*(11-10) - c_B = 1000 - c_B$$ 可知当两种类型的供应商都不采用区块链时，零售商 R 的预期利润为负，因为不采用区块链技术的供应商可能存在欺诈、寻租等不法行为，少报销进项税额，因而使增值税链条下游的零售商的进项税额得不到抵扣，从而压缩零售商的利润。而当两种类型的供应商都采用区块链技术时只要零售商的区块链采用成本 $c_B < 1000$，零售商即可获利。因此区块链技术的应用能够提高零售商增值税的抵扣彻底性，并增强供应商和零售商之间的信任度。

因此大众汽车的供应商和零售商的区块链采用决策如图 4-2 所示，当 $\sigma = 13\%$ 时，假设 $t=0.5$，$\theta=0.5$，则当零售商的区块链采用成本 $c_B < 1000$，供应商的区块链采用成本 $c_b < 4350$ 时，零售商和两种类型的供应商都将采用区块链，即图中黑色区域。

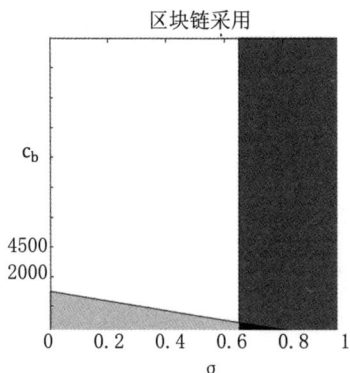

图 4-2　大众汽车供应商和零售商的区块链采用决策

（三）税务机关分析

短期内税务机关不采用区块链技术的预期是：$T_{short}^{NN} = 2q^{NN}P^{NN}\sigma = 2 \times 300 \times 13 \times 13\% = 1014$。短期内税务机关采用区块链技术的预期利润为：$T_{short}^{BB} = 2q^{BB}P^{BB}\sigma = 2 \times 500 \times 11 \times 13\% = 1430$。税务机关增加收入 16 万元。

中期内税务机关不采用区块链技术的预期利润为：$T_{medium}^{NN} = 2q^{NN}P^{NN}\sigma - c_{f-medium} = 2 \times 300 \times 13 \times 13\% - 2 \times 300 \times 12 \times 13\% \times 20\% - c_{f-medium} = 826.8 - c_{f-medium}$。中期内税务机关采用区块链技术的预期利润为：$T_{medium}^{BB} = 2q^{BB}P^{BB}\sigma - 2q^{BB}\omega^{BB}\sigma\varepsilon = 2 \times 500 \times 11 \times 13\% - 2 \times 500 \times 10 \times 13\% \times 20\% = 1170$。税务机关增加收入（$343.2 + c_{f-medium}$）万元。

长期内税务机关不采用区块链技术的预期利润为：$T_{long}^{NN} = 2q^{NN}P^{NN}\sigma - c_{f-long} = 2 \times 300 \times 13 \times 13\% - c_{f-long} = 1014 - c_{f-long}$。税务机关采用区块链技术的利润为：$T_{BB} = 2q_i^{BB}\sigma p_i^{BB} = 2 \times 500 \times 11 \times 13\% = 1430$。税务机关增加收入（$416 + c_{f-long}$）万元。

由上可知，区块链技术的应用能够增加税务机关的税收收入。特别是在中、长期内，区块链技术的应用不会产生税收稽查和纠正税收错报的任何成本，即为税务机关节约了税收稽查成本和税收纠错成本，这些节约的成本也构成了税务机关的收入。

此外，当税务机关对虚报税款的 D 型供应商实施处罚机制时，应用区块链技术可以降低零售商、供应商和税收征管机构之间的信息不对称，从而加大对虚假报税实体的税收处罚力度，以防止所有的虚假报税。

此外，税务机关不仅关注税收稽查成本、税收纠错成本及税收收入且更关心社会福利。实现社会福利最大化的税务机关与大众汽车的供应商和零售商的区块链采用决策如图 4-3 所示，当 $\sigma = 13\%$ 时，假设 $t=0.5$，$\theta=0.5$，则在零售商的区块链采用成本 $c_B < 1000$，供应商的区块链采用成本 $c_b < 4350$，税务机关的税收稽查和纠错成本 $c_s > 2c_b + c_B = 9700$ 时，税务机关与零售商和两种类型的供应商都将采用区块链（即图中黑色区域），社会福利实现最大化。且在零售商的区块

链采用成本 $c_B > 1000$ ，供应商的区块链采用成本 $c_b > 4350$ ，税务机关的税收稽查和纠错成本 $c_s > 2c_b + c_B = 9700$ 时，税务机关可以考虑补贴零售商和供应商的区块链采用成本（即图中灰色区域），以社会福利实现最大化。

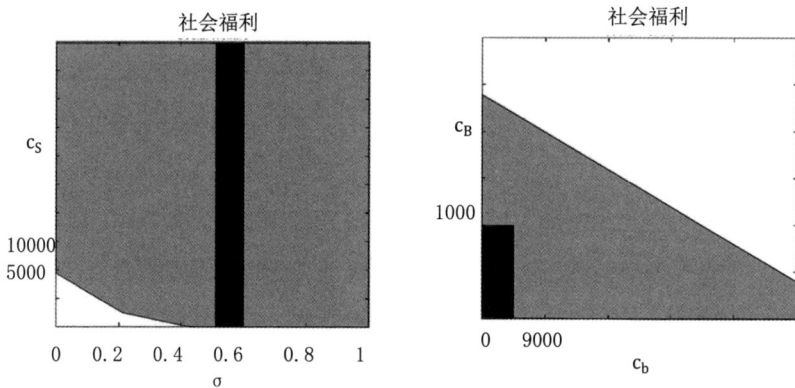

图 4-3　社会福利最大化时税务机关与大众汽车供应商和零售商的区块链采用决策

第三节　模型演化结论与发现的问题

一、模型演化结论

在采用发票抵扣法的增值税征纳链条中，各参与方之间由于信息不对称可能存在寻租动机，从而产生增值税欺诈行为。区块链技术的信任机制有助于上链参与方之间建立相互信任的征纳关系，高度透明、不可篡改、可追溯性有助于提高虚假申报者的心理成本并降低税务机关的税收稽查成本，智能合约机制有助于提高税收处罚力度，区块链技术的特性使其可用来解决增值税系统中的诸多问题，但区块链技术的采用也会产生一定的成本。由博弈模型分析可知增值税系统中的参与方在区块链采用方面的战略决策取决于诸如区块链采用成本、供应商的增值税申报类型、零售商的利润率以及供应商之间的竞争等因素。

（一）区块链技术应用对增值税系统的影响

对供应商而言，区块链技术的应用能够减少供应商的骗税行为，提高供应商逃税骗税的心理成本。对零售商而言，区块链技术的应用能够提高零售商增值税的抵扣彻底性，并增强供应商和零售商之间的信任度。对税务机关而言，区块链技术的应用能够降低税收稽查成本，增加税务机关的税收收入。在税务机关实施处罚机制时，区块链技术的应用能够加大税收处罚力度，从而防止所有的虚假报税。

（二）零售商的区块链采用策略

（1）区块链采用成本相对较低时，零售商会采用这种技术，并为供应商提供进入区块链的激励。如果区块链采用成本相对较低，零售商将选择采用，同时向供应商提供激励。较低的采用成本使得零售商能够灵活地向供应商提供激励，鼓励他们加入区块链，最终增加利润。此外，如果零售商提供一个可接受的激励，低价格可以说服供应商进入区块链，并放弃非法获利的低报增值税。

（2）增值税税率相对较低时，零售商会采用这种技术，并为供应商提供进入区块链的激励。如果增值税税率相对较低，供应商少报增值税的动机就会减少，从而使零售商能够通过提供较少的激励支付来吸引供应商进入区块链。反之，如果增值税税率高，供应商就会有更强的动机不进入区块链，因为有机会少报增值税并获得更高的利润。

（3）在供应商的产品相似度不高，零售商的利润率较低，或者供应商预计会出现重大的增值税漏报行为时，零售商愿意容忍较高的区块链采用成本。当供应商的产品可替代性较高或零售商的利润率更高时，零售商激励供应商进入区块链的成本更高，零售商将不会采用区块链技术。

（三）供应商的区块链采用策略

（1）随着产品可替代性的提高，两个供应商之间的竞争加剧，供应商的区块链采用预算就会减少，供应商将不会采用区块链技术。

（2）如果 D 型供应商在预期其他供应商会采用区块链时就会选择不采用区块链。

（3）当零售商提供的激励 $\triangle \geq \overline{\triangle_D^{BB}}$，供应商的区块链采用成本 $c_b < \overline{c_b}$，增值税率 $\sigma < \overline{\sigma}$ 时，D 型供应商将采用区块链。

（四）税务机关的区块链采用策略

（1）从税务机关的角度看，数字经济中交易的商品越多，特别是低价值的商品交易越多，税务机关认为税收稽查成本 c_s 相对较高，因此更倾向于采用区块链来控制增值税的误报。

（2）当税收惩罚机制不能阻止所有的虚假报税时，税务机关更倾向于采用区块链技术来完全阻止虚假报税。

（3）在税收稽查成本 c_s 相对较高时，税务机关为提高社会福利可能会通过补贴零售商和供应商的区块链采用成本来激励其采用区块链。

综上，通过以上实证研究结论可知，供应商和零售商等纳税人的决策主要受其逃税的心理成本、相互间的信任、税收处罚力度、法律完备性和感知到的税收稽查率等因素的影响，税务机关的决策主要受税收稽查成本、税收处罚力度、税收人才和组织的整体素质等因素的影响。此外供应商等纳税人的投机动机和寻租行为也会受税收人才和组织的整体素质的影响。因此，以上实证研究结论可以验证前文的分析即行为财政视角下影响征纳双方决策的因素主要有：税收处罚力度、法律完备性、心理成本、税收稽查成本、信任、税收人才和组织的整体素质。

二、行为财政视角下区块链技术在税收治理应用中存在的问题

经过近几年的发展，区块链技术在我国税收治理中的应用已初步展开并产生了一定的经济影响。基于区块链技术应用对增值税系统经济影响的实证研究结论，可知纳税人之间及纳税人和税务机关之间进行博弈的行为选择与区块链采用决策主要受税收处罚力度、法律完备性、心理成本、税收稽查成本、信任、税收人才和组织的整体素质六大因素的影响。在伯特兰德博弈模型分析的基础上，从以上行为财政中影响征纳双方决策的六大因素入手对照

分析当前区块链技术在税收治理中的应用现状，可以看出当前区块链技术在税收治理的应用中仍存在一系列问题：税收立法中对区块链技术的应用存在法律空白，降低了税法对偷逃税行为的威慑性；税收征管中纳税人受损失厌恶、主观概率估计偏误等心理的影响使得区块链电子发票尚未全面推开，降低了纳税人感知到的税收稽查率；纳税服务中基于国家监管的区块链业务流程尚未建立，降低了纳税人偷逃税的心理成本；国际合作中基于区块链的跨国涉税数据交流和共享机制尚未建立，国家间难以通过相互信任的合作控制跨境税收欺诈行为，增加了各国应对跨境税收欺诈的税收稽查成本，也不利于建立相互信任的合作型国际关系；税收组织中"区块链＋税务"的复合型人才缺乏，影响了税务部门运用区块链技术提升税收治理效能的有效性，降低了纳税人对税务部门的信任感等。

（一）区块链技术应用缺乏法律保障降低税法威慑性

随着区块链技术在税收治理中的快速应用与发展，现行税收法律法规的更新明显滞后于区块链技术的发展与应用，使区块链技术在税收治理中的应用缺乏法律保障，也降低了税法对偷逃税行为的威慑性。由于区块链的智能合约能够实现自动征税和执法，因此区块链技术应用后税务部门的工作重心应从征管和执法转向完善现行税费法律法规制度，并加快与区块链技术相关的税收法律法规以及税务信息安全和纳税人隐私保护等方面的立法。而当前区块链技术在税收征管和涉税信息保护等方面的应用中配套保障制度和相关法律法规的缺失和滞后，使税务部门和税收道德较好的纳税人分别陷入执法和守法的困境，也降低了对逃避税纳税人的威慑性。

当前与区块链技术直接相关的税收法律法规的缺失使税收征管工作面临各种挑战。一是，基于区块链技术的加密数字货币的税收政策和监管法规缺失。当前数字经济背景下新型商业形态的兴起使得各种加密数字货币被广泛应用于工资发放、购买商品或劳务等各种支付结算，并成为财富的另一种储存方式，而现行税法并未对加密数字货币涉及的企业所得税和个人所得税如何课征出台相关法律规定，且对区块链交易方式下加密数字货币的交易情况及企业或个人的资产、财富状况等的税务检查也无相应的依据。二是，在数字网络空间中生产并应用的数字产品或服务的销售所得在现行税法中尚无明确规定是按提供服务所得还是按销售商品所得征税，并且税法对数字产品和服务使用过程中产生的数据价值的地域性归属问题也无明确规定。如腾讯会议付费服务、数字广告等数字产品和服务的税收管辖权的归属常常难以划分。三是，税法及配套的会计法规制度对电子票据、电子账簿等区块链账本信息作为会计凭证入账的法律效力及保存归档问题缺乏明确规定，不能作为税收征管的直接依据。四是，区块链技术去中心化的点对点交易特性促进了数字经济中无实体存在的交易模式的发展，对现有税法中常设机构的定义和利润归属的相关规则产生了一定的冲击。五是，由代码构成的智能合同能否作为生效合同的要件和司法采信的证据等效力问题尚未得到法律和司法的正式确认。因此，当前我国亟须对现有税法体系加以完善，通过立法对区块链技术的应用进行监管和规范，为区块链技术在税收治理中的应用提供法律保障。

区块链技术在涉税信息保护方面的应用中法律法规缺失的矛盾逐渐突出。首先，税务链上共享数据的内容、范围和标准的相关法规不完善，导致参与者共享数据的意愿不强，影响了税源管理的准确度和效率。税务链上记录的交易数据高度透明，但对数据访问权限和使用范围尚无明确规定，而部分企业认为交易数据属于企业的私有数据，公开很可能会泄露商业机密，因此共享数据的意愿不强。税务系统内部不同部门的数据使用权限和使用范围，也没有相应的规章制度进行明确。其次，税务链上多方参与主体的权利义务关系和责任划分缺乏明确法律规定，无法保证税务链上数据的真实性和安全性。在权责不明晰的情况下，一旦链上信息出现错误，纳税人、税务机关、区块链开发服务商、纳税人开票服务商、支付服务商等相关主体之间就容易互相推诿，严重制约了税收的信息化水平，也给纳税人的偷逃税行为以可乘之机。最后，区块链技术在税收领域的应用尚处于发展初期，难免会存在一些潜在的不确定性风险，而截至2023年初尚未正式出台相关的法律法规来防范整体的系统性风险。总之，税务系统、税法体系在与区块链技术相结合的过程中，需要在实践中积极探索，不断创新，为推动区块链涉税信息保护和使用的相关法律法规和监管政策的完善提供依据，以确保区块链技术应用的有序推进、平稳发展。

（二）区块链电子发票未普及降低税收稽查感知率

截至 2024 年底我国区块链电子发票的应用尚未全面推开，推行过程中依然有很多阻碍，特别是在一些规模化的可靠应用方面还有一些瓶颈需要突破。

当前纳税人对区块链电子发票的主观理解和认知，影响着区块链电子发票的应用与推广。一方面，在税收征管中，由于对抗性征纳关系的长期存在，再加上我国以票定税的管理机制，有的商户担心，票开得多了，可能会带来税交得越来越多，导致不少企业存在抵触和怀疑心理，区块链电子发票的使用行业范围和接受程度仍有待提高。另一方面，因为现在区块链电子发票的查验是要在深圳电子税务局里查验，而不是到税务总局的底站库，查验方式跟传统的电子发票有所不同，并且现行发票体制框架下《中华人民共和国税收征收管理法》《中华人民共和国发票管理办法》的相关内容也没有对区块链电子发票的法律地位予以贯通，因此，企业对区块链电子发票的法律地位和查验问题的认知可能会有理解差异。此外区块链电子发票的可信性来源于对交易信息不可篡改的高冗余重复记录，在我国高通量的发票开具需求下，非利益相关方对体量巨大的交易数据的记录存储成本很高，也使一些企业出于损失厌恶心理而未应用区块链电子发票。并且一些企业认为大量的交易数据能反映其经营情况甚至包含商业机密，非利益相关方对其交易数据的记录会威胁其数据安全，在对共享数据的内容、范围和标准没有明确法律规定时，企业出于谨慎心理也不愿采用区块链电子发票。

当前区块链技术内在的局限性也是其未能全面推开的重要原因。首先区块链电子发票是基于交易订单的支付而开票的，能够实现资金流和发票流的统一，但不能确保供应流中交易的必然履行，发票内容难以准确反映交易实况。目前实务中仍需配合线下人工操作。一些试点地区的税务部门也明确规定，采用区块链电子发票的纳税人仍需通过其他方式保证区块链电子发票的内容与实际交易完全一致。[①] 这就使一部分纳税人在懒惰心理的作用下，降低

[①]　例如，国家税务总局福建省税务局于 2019 年 10 月 30 日发布的《关于试点应用"票链"区块链电子发票平台开具通用类发票公告》第三条规定：试点纳税人要妥善保管开票方的用户身份，确保发票开具信息的真实、完整和安全。

了对区块链电子发票的期待、认可和信赖。其次，区块链技术虽然可以保证交易数据防篡改，但却难以在源头上保证记录入链的交易信息完全无误，并且一旦出错就不可篡改成本极高。这种情况下，由于现实中的纳税人经常会存在主观概率估计偏误，会在主观上高估出错的概率，在试错成本极高的威慑下也迟迟不肯采用区块链电子发票。目前实务中为防止错误的交易信息被纳税人故意或无意输入上链的源头性问题，税务部门会为应对上链错误预留接口，在线下对容易出错的环节进行人工审核，确认无误后再上链存证。最后，由于受子链、跨链等技术发展的限制，当前各试点省市的区块链电子发票尚未实现互联互通，导致了新的数据孤岛的形成，难以满足跨行业、跨地区的交易对区块链电子发票的需求。在区块链电子发票不能完全代替现行发票时，纳税人由于惯性依赖也会依然采用原来的发票形式，而不愿采用区块链电子发票。

（三）区块链业务流程缺乏监管降低偷逃税心理成本

区块链技术的"去中心化"特征可以让互不信任的双方在无须中心化权威机构的参与下实现彼此信任的点对点信息传输和价值交换，这就从根本上颠覆了现有的监管体系，在一定程度上淡化了国家和法律监管的权威，可能会导致税务机关影响力的下降。但目前区块链技术创造的基于共识的代码信任对税务工作而言是不完备的、有范围局限，如在数据上链过程中无法保证源头数据的真实可信，在一些环节上必须要有税务机关凭借国家信用进行监督和管理。由于税收收入关系到国家财政收入与经济安全，在税收服务系统中应用区块链技术后，税收业务的开展仍需税务机关对纳税主体的身份和相关权限进行确认和控制，不能实现完全的去中心化。要实现区块链技术在纳税服务领域的有效应用，则需在最大限度地发挥区块链技术去中心化优势的前提下，把握好其与税务机关税收治理主体地位之间的关系。未来即使所有的数字资产均可实现链上存储，区块链技术也不能立即取代所有的监管机构和相关的审计工作。

当前在纳税服务上，区块链技术由于缺乏应用业务流程的合理设计以及信息交换过程中的应用规范，导致税收欺诈现象时有发生，存在税收监管难题和隐私泄露风险。

　　首先，当前区块链技术应用业务流程的设计难以解决区块链税收系统中透明度与保密性之间的矛盾。税务部门、企业和审计人员之间的信息交流是有效进行税收征管的关键。而数据的安全和保密则是税务部门应用区块链技术治税的前提。一方面由于区块链技术的去中心化特征和点对点交易，且交易中纳税人的身份及相关信息等通过加密授权的方式匿名操作，所以如果区块链应用业务流程在设计之初未考虑税务机关对交易信息的需求，则会严重制约税务机关的征管效率；另一方面区块链技术的应用虽然在一定程度上增加了税收透明度，提高了税收监管效率，然而企业与税务系统内部及政府相关协作部门间的业务流程设计中信息保密措施的缺乏、数据访问权限使用范围缺乏明确授权等，这使得一些企业担心商业敏感信息的泄露可能会威胁到他们的竞争优势，阻碍了区块链技术应用的进一步推进。

　　其次，由于目前我国各政府部门和企业在开发创建其自身的区块链信息系统时采用的技术标准、代码语言、数据结构、数据格式、参数标准、数据采集及存储等方面的不同，致使部门间的信息共享和业务流程的融合对接协调难度较大。国家层面数据衔接顶层设计的缺乏以及区块链写入交易的技术标准不统一，也限制了区块链技术的应用对纳税服务的优化效果。此外当前区块链技术在税收治理中的应用尚处于试点起步阶段，在应用全面推开之前的过渡期内，很多地区基于区块链技术的系统平台可能将与尚未上链的系统长期共存，而当前的链上平台和链下平台的信息交换转接机制尚不完善，影响了两类平台的协调运作，影响了纳税服务提供的效率性和便捷性。

　　当前在纳税服务中尚未建立国家监管框架下基于区块链技术的现代税收信用管理体系，难以为纳税人提供精确化和个性化的智能服务，也难以实现"信用＋风险"的精准监管。基于国家监管框架的区块链技术的现代税收信用管理体系需要以税收大数据为依托，对纳税人信用等级进行动态评价，并据此划分纳税人的风险等级，然后有针对性地对其进行差异化的精准服务与监管。而目前区块链技术在税收信用管理上的应用业务流程还没有贯穿"数据集成、信用评价、评价结果应用、优质服务、精准监管、依法有效查处"的整个流程，作为税收风险管理基础的纳税人数据采集尚不全面，动态信用评级也不能实时更新，后续的风险等级划分和精准监管更是难以实现。精准监管的难实现降低了纳税人主观感受到的监管效率，现实中一些纳税人利用"税收洼地""阴阳合同"和关联交易等逃避税的风险行为依然频发且屡屡得逞，使其他纳税人在同伴效应的影响下纷纷效仿，严重影响了公平、诚信的税收营商环境的形成，这也使纳税信用管理的奖惩机制难以发挥作用。同时，如果逃税纳税人没有受到相应的惩罚，也容易使自觉纳税的纳税人在参照效应的影响下感觉自己受到了不公平的待遇，从而产生不满情绪，降低其税收道德。

（四）国际区块链涉税数据交流机制未建立提高跨国税收稽查成本

近年来，我国围绕高质量共建"一带一路"，加强区块链国际合作交流平台建设，国际税收交流合作不断深化并取得了一定的成绩。但在国际合作上，出于对国家数据安全的考虑且具体业务操作流程的设计尚不完善，截至2023年初区块链技术只应用于国际结算等简单业务上，对国际纳税信息交换，打击跨国税收欺诈，税收风险防控等方面的应用未有实质性进展，国际区块链技术合作的水平及层次亟须提升。首先，国家间基于区块链技术的跨境税收报告尚无统一的标准化格式。各国涉税数据交换格式的不统一阻碍了税收报告的跨境应用，也降低了国际的税收协作效能和纳税人跨国避税的心理成本。其次，基于国家监管的主权区块链框架下的应用流程尚不完善，导致跨国税收欺诈防不胜防，税收风险难以把控。在数据作为新型生产要素进入市场配置体系后，数据的跨境流动以及区块链技术在税收领域的跨国界应用等使世界各国在网络空间展开新的利益角逐，但网络空间不是国家监管的法外之地，区块链技术的跨境应用也应当在国家法律监管下完善自己的业务流程架构。而目前区块链技术在增值税征管和跨境支付等多方参与的流程架构中应用时，在技术上的实现是简单的，但是在监管和规则上的实现却比较复杂。如多方共享的信息传递交流机制的流程设计存在漏洞，难以在数据安全的前提下发挥多元数据汇聚功能，也没有为税务机关、海关监管机构、合规审查机构等监管机构预留监管通道，难以对反洗钱，反恐融资等行为实时进行合规监控，导致税收欺诈现象频发。并且当前网络空间的数据主权和数据治理规则尚不完善，大国数据霸权以及数据不当保护加剧了网络碎片化和数据孤岛化现象，无法保证数据的安全有效利用，限制了区块链技术在打击跨国税收欺诈和税收风险防控等领域的作用的发挥。

（五）"区块链＋税务"复合型人才缺乏降低纳税人信任感

应用区块链技术提升税收治理现代化的前提和基础是要有高效专业的税收人才和组织机构提供组织保障。未来，税务生态系统的发展趋势主要是，以互联网、大数据和云计算为依托完善各参与方的现有管理系统，再应用区块链技术将各参与方的系统平台进行连接以保证信息传输的安全、准确，最后操作难度低、重复性高的信息数据处理工作交给系统由人工智能自主处理，但高度智能化的税务生态系统仍需懂技术懂税收的复合型人才进行操作管理。并且为了响应生态系统的智能化、信息化管理，也需重点培养高端技术人才来处理系统中的高难度业务。而当前税收组织中税务人员的知识结构单一，大多是只熟悉税收业务或信息技术的专业人才，并且由于区块链技术仍处于发展初期，应用中问题繁多，即使是信息技术的专业人才对区块链技术的应用也不能完全把握，因而税收组织中缺乏"区块链＋税务"的复合型人才，不能为由区块链等相关信息技术搭建的税收管理流程配备合格高效专业的税务管理人员，不能保证税务生态系统的运营效率，因而也不能保证为纳税人提供税收服务的有效性和及时性，从而使纳税人降低对税务部门工作的满意度和对税务部门的信任感，影响税收治理效能的提升。

第四节　本章小结

首先，本章从发票管理、税务信息化建设、税收营商环境改善等方面总结了当前区块链技术在我国税收治理中的应用情况。通过梳理区块链电子发票的应用进展和应用效果，总结了区块链技术在发票管理上的应用情况；通过涉税信息共享平台的打造，分析了区块链技术赋能税务信息化建设的应用现状；从数据传输、共享及纳税服务简化等方面，总结了区块链技术在改善税收营商环境上的应用情况。

其次，采用博弈分析法对区块链技术应用在我国税收治理中的经济影响进行分析。鉴于增值税在我国税制结构和税收收入中重要地位以及增值税征管现状，选择以增值税征缴的具体环境为基础建立伯特兰德博弈模型，分析区块链技术应用对相关实体的经济影响，以及这些实体可能采取的策略。通过模型分析得出零售商区块链技术采用决策的影响因素包括区块链技术的应用成本、购买价格的变化、从增值税节税中获得的好处以及对供应商将如何回应区块链采用决策和激励的猜测；供应商是否进入区块链系统的影响因素取决于该供应商类型、其对其他供应商类型和策略的猜测、采用区块链技术的成本，以及所有这些因素最终如何影响其净利润。通过算例分析，以邯郸市大众汽车市场的销售情况为例对模型进行赋值演示，得出区块链技术应用对增值税系统的经济影响，如增加了税收收入、减少了骗税、提高了增值税抵扣的彻底性等。

最后，模型的研究结论总结了区块链技术应用对增值税系统内的供应商、零售商、税务机关的经济影响及供应商、零售商、税务机关各方实现利润最大化下的决策，然后依据该研究结论，并结合税收治理五大体系和前述行为财政中征纳双方互动行为模型均衡时影响征纳双方决策的六大因素，基于行为财政视角分析得出当前区块链技术在我国税收治理的应用中主要存在如下问题：区块链技术的应用缺乏法律保障，降低了税法对偷逃税行为的威慑性；区块链电子发票尚未全面推开，降低了纳税人感知到的税收稽查率；区块链业务流程缺乏国家监管，降低了纳税人偷逃税的心理成本；基于区块链的跨国涉税数据交流和共享机制尚未建立，增加了跨国税收稽查成本；"区块链＋税务"的复合型人才缺乏，降低了纳税人对税务部门的信任感等。

第五章　行为财政视角下区块链技术应用于我国税收治理的前景和局限性

区块链技术作为新一代信息技术中的代表性技术，具有创造信任、改善生产关系的天然优势，但也存在成本、安全、性能等难以平衡的问题。未来，如何在实际应用场景中应用好区块链技术，成为推动区块链技术在税收治理领域创新发展的关键。在分析了当前区块链技术在我国税收治理中的应用现状与存在问题的基础上，本章首先基于税收治理互动行为模型的均衡以及区块链技术的发展，立足于行为财政视角，从税收法治建设、税收征管、税收服务、国际税收、税收人才和组织管理等方面探析了未来区块链技术应用于我国税收治理可能的应用前景，然后结合行为财政视角下区块链技术对征纳双方行为的改变指出了区块链技术在税收治理的应用中可能面临的来自税收监管与隐私保护、跨链技术与地区利益、智能合约、不可篡改等方面的局限性。

第一节　区块链技术应用于我国税收治理的前景

随着区块链技术上升至国家战略，区块链技术与应用即将迎来爆发期。区块链技术的核心属性与税收治理难点高度契合，意味着其在提升税收治理能力和服务水平上应用潜力巨大。基于税收治理体系内涵的五大方面，以基于行为财政视角构建的区块链技术下征纳双方互动行为模型均衡时影响征纳双方决策的六大因素为抓手，可知区块链技术在税收法治建设、税收征管、税收服务、国际税收、税收人才和组织管理等领域大有用武之地，可用来完善税收法律法规，提升税法威慑性、建立信任、降低征管成本，提升透明性、可靠性、安全性及偷逃税心理成本，为税收治理的现代化带来新的发展机遇。

一、区块链技术在我国税收法治建设中的应用前景

（一）应用于税收立法，增强纳税人对税法的认同感及信任感

我国税收法治化进程不断加快，截至 2024 年 12 月，随着增值税法制定出台，在我国现行税收法律体系框架下，我国税收实体法的 18 个税种中已有 2/3 的税种完成立法程序成为了法律。这样，税收立法再进一程。虽然增值税立法已出台，但仍需在实践中不断完善，且作为流转税另一主体的消费税等相关法律仍在征求意见，尚未出台。我国消费税等税种的立法由于牵涉面比较广，推进比较缓慢，在将现行税收暂行条例上升为法律以及税法修订完善的过程中应用区块链技术能够实现税收立法过程和立法结果的公平、公正、公开，加快我国的税收法治化进程。行为财政学认为尊重、以纳税人为本的相互关系以及对纳税人权利的保护，通常可创造移情性理解，从而能够提高纳税人的信任、税收道德和自愿遵从。区块链技术应用于税收立法能够切实做到尊重和保护纳税人权利，体现立法的公正性。

首先，应用区块链技术的分布式信任共识机制，让纳税人作为政府的合作者充分参与税法制定，充分反映民意，增强纳税人对税法的认同感和对税务部门的信任感，促进纳税人自愿遵从。其次，利用区块链技术的公开透明性使纳税人及时获得税法及其相关解释的信息，减少双方的信息不对称，降低税法复杂性，增加纳税人对立法程序公平的感知。最后，区块链技术本身的发展及其在实践中应用的逐步推开，也能够推动税收立法部门对税收征管法、加密货币管理法、反洗钱法、发票管理法等法律规章的修订，使纳税人的各项活动皆有法可依，做到行有所止，保持对法律的敬畏性。因此，秉持公平公正理念，未来可结合区块链技术发展完善税收法治体系。

（二）应用于税收执法，增强税务执法的规范性和威慑性

法治是治理体系和治理能力的重要依托，在推进税收治理现代化中起着非常重要的作用。2021 年 3 月中共中央办公厅、国务院办公厅印发的《关于进一步深化税收征管改革的意见》提出要严格规范税务执法，到 2023 年，基本建成税务执法全过程强智控的新体系。现有法律框架下税收执法难以避免

一些中心化作恶情况的发生，比如黑箱操作，暗中修改规则等。区块链技术应用于税务执法，能够增强税务执法的规范性和威慑性。

首先，区块链技术是去中心化且公开透明的可用于税务执法流程管理，增强税收执法程序的公正性透明性，将整个税务执法流程全在链上完成，执法信息实时录入网上公示、高度透明且不可篡改，执法程序链上流转、执法活动网上监督，使税务机关真正做到依法依规征税，也使纳税人在执法公正的社会偏好下，增强对税务部门的信任感，促进纳税人自愿遵从。其次，利用区块链技术智能合约的自动执行提高税收执法的公正性。区块链技术中代码即法律，通过智能合约的方式提前把税收法律法规用代码写好，当触发税法所设定的条件后，智能合约便可按设定自动执行相应操作，以此来减少暗箱操作保证税收执法行为在区块链技术的支撑下，做到公平公正，安全可靠，为纳税人提供公正法治和谐的税收营商环境。最后，应用区块链信息的分布式存储和全网共享，实现不同区域间执法信息互通、执法结果互认，推动税务执法的区域协同，提高税务稽查的准确率并降低稽查成本，使纳税人在法律的威慑下提高税收遵从度。

二、区块链技术在我国税收征管中的应用前景

（一）应用于发票管理，深化"以数治税"的治理模式

1. 促进信息公平共享，提升征纳双方的信任感

数字经济的核心要素是数据，区块链技术作为一种新的数据处理工具，能够为探索区块链技术在发票管理领域的应用实践提供数据服务，从而深化"以数治税"的税收治理模式。区块链技术应用于发票管理有助于解决信息孤岛化问题，促进数据共享。区块链电子发票将发票全流程信息上链，业务链上流转，并通过连接所有发票相关人员，极大程度上解决了信息不对称和不共享的问题。一方面，通过区块链分布式账本技术，用户被直接纳入数据生产者、垄断者、使用者等多方共享的数据账本中，此时虽然数据依旧储存在各方平台上，但区块链技术已通过搭建各方数据链条将所有电子数据进行了统一和整合，所有的参与者都拥有相同的信息，在公平偏好得到满足后，所有参与者在区块链电子发票系统中更容易进行多方彼此信任的合作。另一方

面，区块链技术以加密和数据隔离创新了隐私保护策略，运营商只有在经过用户的授权后才能使用用户的数据，并按一定比例与用户分享数据使用所获得的相关收益，这样才能真正保障用户对所拥有数据的所有权和数据被使用的知情权，也对数据市场进行了一定程度的规范。同时用户在心理上会把数据收益视为额外收益并获得自身权益得到尊重的满足感，从而提高其分享数据的意愿，进一步解决信息孤岛化问题。

2.创新发票管理模式，降低稽查成本

在传统电子发票的基础上，区块链技术依托分布式记账、多方共识和非对称加密等机制，能够创新发票管理的业务模式，通过减少纳税人依法纳税的相对损失和偷逃税的相对收益，使纳税人在损失规避心理的作用下自觉依法纳税，深化"以数治税"的治理模式。区块链技术可用于解决发票管理的诸多痛点。一是用于解决一票多报，虚抵虚报问题。不可双花可有效防止一票多报，不可篡改可以确保发票的唯一性和信息记录的不可篡改，提高伪造和篡改原有发票的难度，解决虚抵虚报问题。二是可实现无纸化报销。由于发票的全流程信息都在链上，报销时只需在链上更新发票状态即可，不必再打印为纸质文件存档，降低报销企业财务审核成本。三是可帮助政府提升监管力度，降低稽查成本。将发票全流程信息上链，实现发票状态全流程可查可追溯，有助于税务机关等监管方更好地进行全流程实时监管。因此，区块链技术在发票管理领域应用前景广阔，对用户来说可帮助其解决报销难及流程繁杂等问题，对企业而言有助于降低其开票、存档和审核入账等成本，在政府层面，有助于降低税局等部门的监管成本和服务成本。

3.发票流程可追溯，提高纳税人感知到的税务稽查率

发票的框架效应表明，同一笔业务的发票，不同的呈现方式会使纳税人做出不同的行为选择，并带给用户截然不同的用票体验。区块链电子发票与传统发票相比是一种基于区块链技术的无须税控设备即可便携、高效开具的电子发票，既能有效解决平台型企业的开票痛点和难点，大大降低平台型企业运行成本，而且能够通过与支付系统绑定，交易即开票，实现发票流和资金流的"二流合一"以及发票申领、开具、交付、查验、归集的全流程线上管理，形成可验、可信、可追溯的发票生态系统，提升用户满意度和内在的税收道德。区块链技术的可追溯性增加了纳税人感知到的税务稽查率，区块

链电子发票从交易的开始就记录着每一步操作，所以链上的交易数据难以作假。交易即开票，即发票本身获取到了一次交易行为的强硬背书，支付和开票的绑定可以避免虚开问题。区块链技术对发票监管流程的完善能够解决发票流转过程中的诸多难题，如一票多报、虚报虚抵、真假难验等，真正实现信息管税，减少纳税人的逃税行为。

（二）应用于税收征管方面，为主要税种征管提供技术支持

1. 应用于增值税征管和反欺诈，提升跨境交易各国合作的信任度

数字经济时代，多数企业已实现数字化运作，受法律制度、征管技术、社会环境等多方面因素影响，仅靠纳税人的自我申报税务部门很难精准、全面地获取企业的涉税数据，征纳双方的信息不对称问题日趋严峻，因而增值税征管将越来越困难。特别是在跨境增值税征管中，出于国家利益和安全因素的考虑，一般会存在双方税务部门在相互不信任的情况下是否愿意及时向对方提供本国纳税人的集中数据文件的问题，即使允许访问，任何一方会相信数据的准确性吗？并且就算数据准确，也只是聚合数据而不是发票级的粒度数据，而且数据交换在可疑交易发生后至少延迟 2 至 6 个月，信息交换时滞的存在使得骗取出口退税的纳税人和偷逃进口环节增值税的纳税人早已消失不见难以追查。因此数字经济下将区块链技术应用于增值税征管，应重点利用区块链技术的实时数据共享、高度透明的特点，建立基于区块链技术的增值税信息交换系统，实现应税行为和征管行为实时匹配，进而减少增值税税收欺诈。此外应用区块链技术的去中心信任创造机制，在跨境交易的各国政府间建立信任关系，使参与者无须通过中间机构即可在彼此不必相互信任的情况下开展互信合作，提升跨境增值税征管效率，减少跨境增值税税收欺诈。

2. 应用于所得税征管，提高纳税人偷逃税的心理成本

数字经济时代，企业和个人收入来源更加多样化且信息由多部门管理，给所得税的征收和管理也带来巨大的挑战。如平台经济下一些网红主播通过在多地设立个人独资企业，再虚构业务把从有关企业取得的个人工资薪金和劳务报酬所得转换为个人独资企业的经营所得偷逃巨额个人所得税款的行为屡屡发生。数字经济背景下，可运用区块链技术的去中心分布式存储、公开透明、防篡改、可追溯等特点及智能合约的自动执行机制改善所得税的征管

条件，提高纳税人的税收遵从度。

首先，运用区块链技术的去中心分布式联合治理机制通过联盟链的形式畅通各地各政府部门之间的涉税数据，打破信息壁垒，加强税收征管的部门协作化，各部门采取一致行动保证税收征管的有效性及对纳税人偷逃税的威慑性，降低纳税人偷逃税的投机心理。其次，区块链技术的公开透明性和时间戳技术可用于精确无误地对所有经济交易信息进行全面、可靠、详细的记录，确保其实时更新、不可篡改，并可追溯查询和验证，解决征纳双方的信息不对称，提高税务机关对所得税税源的微观监控能力和纳税人感知到的稽查率，防止纳税人记假账，加大对纳税人偷逃税的威慑性，减少自私性纳税不遵从和涉税争议。最后，当前所得税的税收优惠和税收减免政策极其繁杂，一方面使纳税人由于不熟悉复杂的纳税程序而产生畏惧心理，造成无知性纳税不遵从；另一方面现实执行中税务人员不规范的征管方式，也影响了税收的公平性，激起了纳税人的不满情绪。而区块链技术的智能合约可用于管理众多税收优惠政策，把不同的税收优惠政策写入不同的智能合约，条件满足则自动执行合约，以确保所有的税收优惠政策都可以被公平、可靠地执行，从而降低纳税人税收遵从成本和纳税的心理成本，提高纳税人对税收公平的感知，使其自愿自觉缴税。

（三）应用于税源管理方面，助推税源管理能力提升

1. 构建共享共赢的税源管理系统，满足纳税人的公平偏好

数字经济的发展无疑将催生新的商业形态和商业模式，如平台经济、共享经济等。作为新的税源基础的数字产品和服务，其典型特征是不见面交易，生产的空间和时间限制逐渐弱化。原本的各地区自有门店、面对面交易、在各自地区纳税的模式将转变为云端店销售、不见面交易、税款缴纳到云端店注册地。用户所在地既无流转税（增值税）可征，又无企业所得税可征。一些网红主播利用"税收洼地"逃避税行为的屡禁不止也加剧了税源的不均衡性。价值创造地、经济活动地与税收分享地的不一致，一方面会影响社会的公平正义，如某地发生了应税行为，贡献了税收，但税收没有留在该地；另一方面在宏观层面可能会出现地区间财力不平衡，带来地区、国际矛盾。数字经济的到来使得区域间税源分布不均衡的状况日趋严重，纳税对象和税源

更加分散化，税收征管面临税收管辖权难以界定，税收漏洞越来越多，现有征管制度和征管手段在技术层面很难满足经济数字化的征税要求等税收问题。面对数字经济给税权划分和税收征管带来的根本性挑战，税源管理需要充分发挥区块链技术的特征优势，促进税源管理能力与经济新业态的匹配，提升税源管理能力。

首先，应用区块链技术的去中心化和分布式信任共识机制，通过技术的精巧组合，使各地各部门在一个平等的环境里来建立一种共享、共赢、共建的税源管理系统，促进税权和税收收入划分的公平合理，完成资源的公平分配，在主观上满足参与者公平偏好的同时在客观上也有助于减少区域间的税收争议。

其次，应用区块链技术的不可篡改和时间戳技术实时更新交易信息、不可篡改，确保系统中记录的与税收有关的经济交易、所有权转移和资本交易等信息均可靠、全面、详细，且整个交易链可以全流程追溯，从而使数字经济交易中的价值创造活动和商品服务交换在何时何地进行等交易信息在所有参与方之间清楚可见有迹可循，为在各地之间公平合理地划分税收管辖权和税收收入提供实践依据，从而使各地在公平偏好的引领下，激发各地培养税源组织税收收入的积极性，减少不确定性和税收风险。

行为财政学的确定性效应认为由于风险厌恶的存在，在面对高度不确定性时，相对于可能的结果，纳税人更愿意选择确定的结果，除非改变行为选择能带来更大的收益时，才愿意冒险进行改变。因此区块链技术的应用能够增加交易信息的确定性，从而减少税收风险。

2. 应用于税款源泉扣缴，降低纳税遵从成本

区块链技术的智能合约机制可用于简化纳税程序，在区块链上关联纳税人相关的银行账户，当智能合约校验到收入或交易达到特定额度时，便会自动计算应纳税额并从相应账户扣除，利用税款扣缴的自动化克服纳税人的惰性，也降低纳税遵从负担，使纳税人在默认中提高税收遵从度。

3. 应用于税源监管，增加偷逃税的心理成本

应用区块链技术的公开透明性使数字经济企业的交易运作置于税务机关及其他所有参与者的监管之下，使纳税人无法隐瞒真实的税源数据，区块链网络中平台企业主观感受到的税务稽查率也会迫于系统的公开透明性而提高，增加逃税的心理成本，从而倒逼其规范自身行为，在智能合约的帮助下，提

高依法依规纳税的自觉性。

（四）应用于税收风险防控，提高纳税人对税收风险的损失厌恶度

行为财政学认为，即使在相同的经济环境下，纳税人的风险倾向受其心理因素的影响也可能会因征管方式的不同而有所不同。区块链技术应用于税收风险防控，能够增加纳税人主观感受到的稽查率和偷逃税所带来的名誉损失等心理成本，并增强其对风险的损失厌恶度，降低其风险倾向，提高税收风险管理效能。

首先，区块链技术可用于构建"闭环"式的风险管理模式，形成对风险管理各环节工作在时间轴上的完整记录，实现对包括目标规划、信息收集、风险识别、等级排序、风险应对、过程监控、评价反馈、风险管理结果应用、目标规划修正在内的各环节工作的全面追踪和有效利用，提高风险结果的应用深度。

其次，应用区块链技术的"共识"机制构建税务、工商、银行、财政、海关和法院等各相关部门按权限接入的公有链，实现对纳税人的货物资金流向、信息变更、判决公告等信息的及时告知和共享，从而形成对纳税人经营行为的立体防控体系和风险预警防范体系，提高对纳税人偷逃税的威慑性。

再次，区块链技术的公开透明性可用于透明公示纳税人的税收遵从情况，提高其对名誉损失等的损失厌恶度，从而有效促进纳税人主动遵从。

最后，应用区块链智能合约"预先设定规则、自主自动运行"的机制，可减少人为因素的干扰，降低税务人员执法的自由裁量权，提高执法的公正性，确保税务机关客观准确地进行风险等级排序，从而提高税收风险应对的针对性和有效性。

三、区块链技术在我国税收服务中的应用前景

纳税服务是税收征管的基础工作，纳税服务质量直接关系到税收征管质效。由于信息不对称，传统纳税服务与纳税人真正需求存在一定程度的脱节问题。区块链技术的应用能够解决信息不对称问题，税务部门依托广泛的涉税信息能够精准掌握纳税人共通性、集中性、多元化、个性化的需求，从而为纳税人提供更加"精准"的纳税服务，促使纳税服务由"被动"向"主动"

的转变，提高纳税服务的便利化、信息化、个性化和公开化，推动办税服务更共情，营造和谐、公平、法治、诚信的优质税收营商环境。因此，未来可以纳税人需求为出发点，建立基于区块链技术的税收服务体系。

（一）应用于税收信用管理方面，筑牢税收信用基础

1. 应用于纳税信息采集，提高纳税人对涉税信息的信任度

数字经济时代良好的纳税信用已受到越来越多的重视，并成为纳税人的一项重要"资产"。在税收信用管理中区块链技术的应用能够对税务领域的"放管服"改革及良好纳税环境的形成起到促进作用。首先，区块链技术应用于纳税信息采集能够为税务部门提供多维度、及时的涉税信息并注入信任基础。并通过区块链技术的分布式网络实现各领域信用信息的互联互通和实时反馈，打破"信息孤岛"，更好地发挥联合惩戒机制的作用。大数据时代，数据成为重要生产要素，然而互联网上的大数据往往呈现出海量实时、碎片化、质量良莠不齐等特点，使得互联网上数据价值难以保证。而区块链技术提供了一种全新的数据组织和应用模式，能够把分散杂乱的大数据打包成一个个可信、可靠、可用和高效的数据区块，而且这些区块是全网所有的参与者都验证过的，具备坚实的信用基础和数据基础。数字经济社会，区块链技术无疑将会被作为信任的机器用于税收信用管理，为生产力发展注入税收信用基础，加速税收信用"可信数字化"进程。

2. 应用于纳税信用评级，提高纳税人失信的心理成本

区块链技术应用于纳税信用评级能够准确地记录纳税人的纳税申报情况，并实时更新加盖时间戳，在全网验证后生成不可篡改的记录，自动对纳税人信用等级进行评定并实时更新，无须人工干预，保证信用评价过程的科学及时和评价结果的客观公正。纳税人每次的失信记录均可被追溯查询，且不可更改，从而使其失信的心理成本提高。

3. 应用于纳税信用公示，提高纳税人失信的损失厌恶度

应用区块链技术的可追溯不可篡改、时间戳、公私钥非对称加密等技术，在保证信用信息合理授权安全使用的前提下，进行纳税信用公示，同伴效应会使纳税人受周围纳税人行为的影响而自觉纳税或引以为戒，提高纳税人自觉纳税的荣誉感和对声誉等损失的损失厌恶度。

4. 应用于信用评价结果，提高对失信纳税人的处罚力度

区块链技术应用于信用评价结果能够充分发挥奖惩机制的作用，对不同的信用评级实施差别化管理，落实守信激励、失信联合惩戒机制，提高对失信纳税人的威慑性，激励和引导纳税人增强依法纳税意识，自觉纠正纳税失信行为，及时挽回信用损失。

（二）应用于业务流程管理方面，优化税收营商环境

1. 为传统业务流程降本提效，提高纳税人遵从意愿

服务是最好的治理。纳税服务是税务工作的主题。2021 年 3 月中共中央办公厅、国务院办公厅印发的《关于进一步深化税收征管改革的意见》提出税务部门要持续提升办税缴费服务质效，到 2023 年基本建成税费服务新体系。当前税务部门在业务流程管理上，仍存在办税流程复杂，企业与企业之间、企业与税务部门之间、税务等相关部门之间信息流通不畅，交换流程复杂等问题，影响了税务部门的服务效率，也降低了纳税人的用户体验。且行为财政学理论认为如果纳税人感觉到被税务机关礼貌和尊重地接待和服务，则更有可能诚实申报。

因此探索区块链技术在税务部门业务流程管理中的应用，基于数据流优化现有办税服务监管流程，精简表证单书，建立基于区块链技术的"非接触式"的线上一体化办税服务流程，符合纳税人的根本利益，可以使纳税人节省办税时间，降低办税成本，提高办税效率，提升获得感和满意度。如在发票流程管理上，可应用区块链技术实现申请、开具、报销、存档、审计链上一体化完成，降低发票成本，提高运行效率，把支付和开票两种行为耦合在一起，统一保存到微信卡包，实现最大化归集，永远不会丢失，提升用户体验。

在税收征纳业务流程中，重点应用智能合约使交易与纳税环节无缝对接的特点，降低征纳双方成本，也可减少征纳双方涉税争议，增强彼此信任感，提高税收遵从意愿。在税收监管流程中，重点应用区块链技术的实时记录、分布式存储、不可篡改特性获取反映纳税人"办税痕迹""行为指纹"的精确数据，并借助人工智能的分析对纳税人的遵从行为与服务需求进行预测，从而为纳税人提供更加优化的个性化服务和监管。未来可以把区块链技术应用于税收业务流程管理，降成本，提效率，从而为市场主体提供一种良好的税

收发展环境。

2. 为传统业务流程注入信任基础，提升税务部门和纳税人之间的信任感

区块链技术以其低成本的信用保证机制能够有效优化传统业务流程，解决传统业务流程中信息查询与确认的多环节低效率问题，减少确认信息可信度的成本。

由前文行为财政对税收治理的影响机制分析及税收治理互动行为模型均衡时纳税决策的影响因素分析可知，信任是影响纳税人与税务机关合作并遵从的关键因素，税务部门和纳税人之间的相互信任是保障税务工作顺利开展的基础。因而此处借助麦肯锡信任公式对区块链技术的应用如何为传统业务流程注入信任基础并促进纳税服务的优化进行了完美诠释。著名的麦肯锡信任公式 $T=(C+R+I)/S$ 将人与人之间的信任用数据公式的方式进行了说明，其中，T 为 Trustworthiness（信任程度），C 为 Credibility（可信度），R 为 Reliability（可靠度），I 为 Intimacy（亲密度），S 为 Self Orientation（自我中心的程度）。公式中可信度和可靠度都可以分为理性和感性两个部分，而亲密度则完全属于感性部分。

区块链技术的不可篡改性是提升信息可信性的有效手段，共享账本上的数据可作为各类信息活动的数据存证，降低信息核查等成本，提高信息可靠性，区块链技术的公开透明性可使税务部门和纳税人等多主体之间互相了解对方的资历，增进日常交流互动等从而提高亲密度。区块链上的可信数据和智能合约将为未来创造出新的业务模式提供技术支持。

税务工作中原本需要各种信任保证机制的传统业务流程，可以根据区块链上的可信数据进行快速执行，多方确认和反馈沟通环境将被缩短。传统的需要第三方中介的"中心化"业务流程，可以转变为"去中心化"的方式，业务流程将变得更为简化和简单。这也是在纳税服务中发挥区块链技术特性的重点方向。

四、区块链技术在国际税收管理中的应用前景

（一）应用于跨境涉税信息管理，增加跨境逃避税的心理成本

在数字经济背景下，经济越来越依赖无形资产，出现了越来越多的跨境

在线交易。各国税务机关单方面很难核实纳税人跨国交易行为相关税务报告的真实性和一致性，政府能否及时获取相关纳税人的信息成为预防跨境逃避税问题的关键，特别是在跨境转移定价和虚拟货币的跨境交易中。一些拥有跨国业务的国内企业，经常把其数字资产转移至较低税率的他国关联方运营，使用转移定价来减少他们的税收负担。区块链技术应用于跨境涉税信息管理，一方面会通过提高交易的透明性和确定性增加纳税人跨境逃避税的心理成本，使纳税人在心理上降低风险倾向，并且转移定价情报等跨境信息交换和监管的实时性也对纳税人起到震慑作用，另一方面会提高交易的便利性使纳税人降低遵从成本。

（二）应用于国际税收征管流程管理，增强国际税收合作的信任度

在基于区块链的国际税收征管流程中，追踪交易流程和各参与方的身份是很容易的，所有交易都有时间戳并加密封存，消除了交易被篡改的可能性，交易协议被写成一个自动执行的智能合同，在满足确定条件时，付款由智能合同自动执行，并且在区块链上存储了每一条交易信息详情，任何具有访问权限的参与方都可以看到交易的信息流。未来区块链技术的使用，特别是跨境跨链的区块链技术可以使各国税务部门之间建立基于技术的信任，增强国际税收合作的信任度，促进各国税务部门合作起来监控跨境在线交易，降低识别转移定价的复杂度，规范虚拟货币的跨境交易，跨国公司通过转移定价等隐藏真实交易信息的操作实现避税的策略将越来越难以操作。

五、区块链技术在税收人才和组织管理中的应用前景

（一）应用于税收组织管理，提升部门协同治理能力

数字经济的快速发展，使得税收部门的数字化水平大大提升，税收治理越来越注重税收组织的上下级之间及部门间的数据运作质量和效率。我国现行税收组织系统在国地税合并后，由于共享信息的非对应性、非可比性等，迫切需要解决整合和优化问题，包括总局、省局、市局、县局、分局五级税务机关的纵向整合和部门功能系统之间的横向整合等。当前，税务系统内部的各部门、各业务系统之间条块分割问题依然存在；此外，税务系统与工商、

市场监管等其他政府部门及纳税人、银行、中介机构、第三方等相关各方之间的协同共治机制仍不健全。税收组织的建设，需要协调信息技术变革与业务、数据管理及应用的关系。未来重点运用区块链技术多中心、分布式共识的特点，以联盟链的方式创建开放互动、多方参与的扁平化的税收组织管理系统，实现政府部门间的信息共享、资质互认、征管互助，将企业、税务、政府监管部门链接起来，形成齐抓共管的局面，打破"信息孤岛"现象，提升部门间的协同治理能力。

（二）应用于税务人员管理，提升管理服务效能

区块链技术的出现在数据层面改变了信息存储和分享的模式，将互联网模式下的信息集中共享转变为分散存储下的信息共享。基于区块链技术构建数据共享平台甚至生态系统，将改变传统互联网平台对普通企业和大众用户的信息控制，创建服务于联盟利益、大众利益的公平环境，把虚拟的"中心化"平台升华为一种物理分散、规则统一的基础设施。数据信息的传递与共享过程将变得更加自由。数字经济时代的税务人员信息化管理需要依托以人工智能、区块链、大数据为代表的新一代信息技术，加快税收治理的创新发展和现代化进程。区块链技术应用于税务人员管理，通过方方面面数据的捕获和充分流动，及时感知执法、服务、监管各领域的业务需求并灵敏地自动作出反应，通过数据生产要素在政务部门间的双向流动，打通数据壁垒，优化信息管税的效果，提升管理服务效能。

首先，在决策层基于区块链技术打造覆盖税收征管各环节、各主体、全流程的一体化应用平台，对各类内外部标准化数据进行全方位汇集，实现对征纳双方、内外部门数据，可按权限在不同层级税务机关管理者的应用系统中进行智能归集和展现，为管理指挥提供一览可知的信息，促进智慧决策能力和水平的提升。其次，在税务端，运用联盟链打造"一局式"和"一员式"应用平台，智能归集和管理上下级税务机关和税务工作人员的信息，智能推送工作任务，提升内部管理效能。最后，在纳税人端，运用区块链技术的去中心分布式存储打造"一户式"和"一人式"税务数字账户，智能归集和监控每一户法人和每一个自然人的税费信息，并将各种信息实时分析，既可及时感知风险并自动预警，还可深度把握纳税人缴费人的服务需求及时提供个性化服务。

第二节　区块链技术应用于我国税收治理的局限性

当前，区块链技术一方面带有耀眼的光环，具有广阔的应用前景，另一方面在税收治理的现实应用中还存在着诸多局限性亟待克服和突破。由前述第三章可知区块链技术的应用会使征纳双方的行为发生改变，因而本部分从征纳双方互动行为模型均衡时影响征纳双方决策的六大因素（税收处罚力度、法律完备性、心理成本、税收稽查成本、信任、税收人才和组织的整体素质）入手，分析区块链技术在税收治理五大体系的应用中可能存在的局限性。

一、区块链的智能合约问题降低了税收处罚的威慑性

智能合约的本质在于将合约的履行或者违反合约的后果都写进计算机代码，由计算机程序自动执行。与传统合约相比，智能合约的订立和履行是一体的，完全由计算机代码完成。智能合约的代码逻辑最强调的是"确定性"，意味着合约完全不能有任何模棱两可的空间。数字经济时代，随着税收法律的日益复杂和不断变化，税务人员在实际执法的过程中会有一定的自主裁量权，并且执法结果可能也具有一定的不确定性。如税收征管法中对纳税人违反税务管理基本规定行为的处罚中规定"纳税人有下列行为之一的，由税务机关责令限期改正，可以处 2000 元以下的罚款；情节严重的，处 2000 元以上 1 万元以下的罚款"，而对"情节严重"的判断和具体罚款数额的确定，带有很大的执法者的自主裁量权，这种自主裁量权和不确定性很难被编译成合约代码自动执行。因此不是所有的合同条款都可以被编译成合约代码，甚至可能也会出现错误。由于税收环境的复杂性使外部数据不能保证其确定性，而智能合约需要其具备确定性，这就必然存在矛盾。除了部分定性合同条款难以用代码来表述以外，未来代码缺陷也可能使智能合约的执行存在安全漏洞，现有司法系统对智能合约的理解和接受程度等问题也是智能合约在实际应用中面临的难题。

二、加密货币征税问题降低了税法的完备性和精确性

随着经济发展日益数字化，加密货币更多地被视为购买商品或服务的手段。由前文可知行为财政视角下区块链技术的应用可以通过税法的精确规范有效实施提高纳税人感知到的稽查率从而使纳税人不敢逃税，但区块链中加密货币的匿名性及缺乏明确征税规定，降低了税法的完备性和精确性，也在一定程度上降低了纳税人感知到的稽查率，助长了偷逃税行为。加密货币改变了交易和收入产生的方式，也给税收治理带来挑战：一是未来对加密货币是否征税；二是如果征税的话，有效的征税程序将如何实现。由于税务部门的基本职责是为财政组织收入，保证税款的及时足额上缴。而加密货币交易由于其匿名性和没有中心监管机构，以及"受第三方报告要求的限制少于传统支付形式"并且税收政策法规存在法律空白等特性，税务部门无法了解到每一项虚拟货币交易的细节，所以加密货币交易更容易助长逃税行为。此外，数字货币的最大特征之一是货币流通创造的价值全部私人化，会给国家和财政带来巨大的隐患和损失。如若税务当局决定对加密货币征税则会对加密货币使用者带来影响，例如雇员收到的以加密货币形式支付的工资需要纳税；因提供服务而收到加密货币的独立承包商必须将其视为自营收入纳税；纳税人需要根据加密货币从获得时间到处置时间的价值变化确认交易损益等。加密货币的价值波动，使税务管理部门和纳税人无法了解加密货币在任何特定时间的精确价值，从而很难计算应税收入。总之，加密货币税收法律的缺失给加密货币的使用带来的不确定性增加了纳税人不缴税的机会，也加重了税务当局征税的难度，降低了纳税人感知到的稽查率，因而未来基于区块链技术来对加密货币征税仍具有很大的不确定性，会给税收治理带来巨大的挑战。

三、区块链技术的"不可能三角"提高了征纳双方的心理成本

区块链技术在税收治理中的应用还面临"不可能三角"问题，即区块链系统的安全性、效率和去中心化程度三者相互制约，不能同时达到最优。一般而言，效率提升最简单的方法是尽可能去中心化，其次是放弃一定的安全

性，不要太多验证；在去中心化和安全性之间，去中心化程度越高越安全。行为财政理论表明心理成本也是影响人们决策的重要因素。区块链技术的去中心化和效率性，会提高征管部门的心理成本，一方面完全去中心化会淡化税务部门的监管权威，另一方面税务区块链系统的低效率会增加税务系统被攻击的可能性；区块链技术的安全性依赖于公私钥加密技术，这会使纳税人对自身财产安全承担更多责任，从而提高纳税人使用区块链技术纳税的心理成本。

就去中心化而言，分布式数据存储下各节点同时认证和添加数据块，随着时间的推移，实时产生的交易数据体量越来越大，其相应的存储容量和存储成本将会造成巨大负担。此外，完全去中心化会淡化国家和法律对税收治理的监管，区块链技术应用于税收治理并不能完全去中心化，它只是一个去中心化的工具，因此各地的去中心化程度可能有所不同，如何平衡多中心之间的各种矛盾是一个亟待解决的问题。

就安全性而言，区块链技术的使用并没有消除固有的网络安全风险。首先，截至 2023 年 6 月区块链技术一般采用国际通行的加密算法、虚拟机、智能合约等核心组件，这些组件目前尚不能完全自主可控，增加了被攻击的风险。其次，在区块链的匿名系统中私钥是纳税人的唯一身份标识，由纳税人自己保管，纳税人账户的资产使用私钥管理，如果纳税人的私钥丢失、遗忘或被盗，就有极大可能丢失用户信息，并且与该私钥对应的数字资产所有权也将丢失，而当前应用对于私钥的保护基本上是用软件来实现的，理论上都存在被攻破的可能性。此外，传统的用户账户密码设计的系统相当于是由系统承担私钥保存的安全问题，账户密码仅仅是一道防线而已。然而由用户自己控制私钥的区块链系统实际上是把私钥保存的安全问题移交给了用户，系统不再对私钥丢失导致的问题承担责任。这也在无形中增加了纳税人使用区块链技术的心理成本。

就效率而言，现阶段区块链技术在效率上相对来说是比较差的，每秒处理的交易量远不能满足所有企业上链后整个社会的交易需求。现阶段税务区块链系统的低效率也可能使系统面临"粉尘攻击"[①] 等安全问题。未来区块链

---

① "粉尘攻击"即制造出大量的小额或微额的交易来阻塞整个系统，使得系统无法为其他用户提供服务。

技术在税收治理中的应用如何在保证数据安全的前提下提高效率性和去中心化程度，仍需做出一定的权衡。并且在将区块链技术与我国税收治理相结合的同时，还需要出台相应的法律文件对其进行规范，否则这种新兴技术将难以在税收实际应用中得到发展。

四、链上数据不可篡改带来的问题提高了税务机关的稽查成本

行为财政的前景理论认为人们具有损失厌恶心理，并通常会高估小概率事件的发生概率。因此虽然链上数据出错或系统被攻击的概率极小，但在纳税人或税务机关概率估计偏误的影响下链上数据的不可篡改性依然会提高纳税人和税务机关的损失厌恶度。区块链信息的不可篡改性意味着，一旦区块链系统中的信息被上传到区块链网络，它将被永久存储并且不能被更改。除非能控制和修改系统中 51% 以上的节点，否则仅修改单个区块链节点是无效的。区块链信息的不可篡改性实质上依赖于去中心的分布式共识的达成，当共识无法达成时，数据将不被记录上链或产生区块链分叉，故而数据的修改去中心化机制无法完成。数据不可篡改虽然能极大地提高数据操作的稳定性和安全性，也为公众对区块链的信任提供了有效保障，但在大规模实际应用中，也可能发生用户误操作、系统故障、漏洞攻击等情况，因而针对区块链是否需要支持数据修改或区块回滚，是否要权衡去中心化程度以实现在保证系统安全的前提下允许数据修改等，各界仍然存有争议。此外，虽然区块链是防篡改的，但这并不能阻止虚假信息从一开始就进入区块链，由于区块链信息不可篡改，源头信息错误或造假会给税收风险管理带来极大的难度，特别是不法分子利用区块链永久记录的特性将非法信息记录在区块中进行传播，也为税收监管和系统安全带来挑战，在一定程度上会提高税务机关对不法分子的稽查成本。

五、区块链税收监管与隐私保护降低了征纳双方的信任感

区块链技术应用后税务部门的工作重心主要是维护涉税信息的安全和隐私保护，区块链中的个人隐私保护是强需求，特别是税务部门要使用的区块

链，保护纳税人隐私是基本的合规条件；但同时还不能产生绝对隐私，必须要让监管者知道交易内容。如果区块链技术的应用难以实现税收监管或者难以实现隐私保护，都会影响征纳双方的信任感。区块链上的交易是利用公私钥非对称加密完成的，交易者的身份是通过加密货币的钱包地址确定的，因此是匿名的，与现实世界的身份没有任何联系。区块链技术可以在实现数据公开透明的情况下通过非对称加密和匿名性来保护纳税人的隐私。非对称加密使得目前日益普及的"数据上链"这一区块链技术应用方式并不是把个人和组织的隐私或敏感数据放上区块链，而是把数据真实性和一致性的证明信息（例如数据的哈希验证值）或者加密后的数据放在区块链上，但链上所有具有相应权限的参与者都可以查看交易数据。从这个角度来看，虽然区块链上交易信息全公开，但毕竟没有任何敏感的个人信息，自然不存在泄露问题。区块链真正的隐私在于区块链的账户和它背后的真实用户身份在区块链上不存在对应关系。

由于区块链的"自主账户"不需要向任何人或机构申请，因此没有任何信息能将这些账户与个人信息关联起来。另外，很难从采用 P2P 通信方式的区块链本身的记录里发现使用者的网络 IP 地址。也就是说区块链上的数据基本完全公开，与每笔交易相关的账户及其资金往来都很清晰，尽管不知道某个账户背后的主人是谁，但这个账户在区块链上的一举一动都是透明公开的，而且难以篡改。在这种情况下，即使区块链上的交易是可追溯的，也追踪不到具体的个人。虽然这样可以保护交易者的隐私，但是在税务部门为查明未披露全部收入的纳税人的身份时，匿名的性质使税务部门或许只能在法院的授权下，向银行或其他保管人发出"无名氏传票"，这就给税务监督和税收执法工作带来巨大挑战。在隐私数字化的数字经济时代，未来如何在税收监管和隐私保护二者之间寻找到平衡点，也将是区块链技术在税收治理中面临的一大挑战。

六、区块链跨链技术与地区利益违背了纳税人的公平偏好

行为财政理论认为纳税人具有公平偏好和参考依赖，如果纳税人认为税法有失公平或者与其他纳税人相比自己受到了不公平的待遇，纳税人对税法

的认同度就会降低，进而遵从度也会降低。在税源日益分散的数字经济时代，区块链跨链技术的应用必然会触及不同地区税收利益的分配，可能难以满足不同地区纳税人的公平偏好。一方面，数字经济背景下，平台经济等新经济形态的发展，带来了地区间财力不均衡，价值创造地、经济活动地与税收分享地的不一致，单靠各地单独的税务链难以解决税务信息孤岛的问题。各地的区块链在数据结构、共识机制、通信协议、编程语言、密码学算法等方面存在的不同，也可能造成一个地区的区块链难以与其他区块链系统进行直接互联互通。另一方面，数字经济中新业态的发展，使我国税源情况日益复杂，且纳税人的很多信息都由多个政府部门及相关机构分别管理，单靠单一部门的税务链也难以解决征管难题。因此，链与链之间的互操作性越来越重要，必须在上下级政府部门之间和各地区之间采用跨链技术，满足不同级别和类型的区块链之间的资产流转、信息互通和应用协同。由于区块链实现的是信息和价值的传递和交换，因此跨链技术的采用可能会因触及某些地区的既得利益而遭到抵制，利益的藩篱也将是未来区块链技术在税收治理中面临的一大挑战。

七、"区块链 + 税务"的复合型人才缺乏助长了纳税人投机心理

由前文可知税收组织队伍的整体素质也是影响纳税人决策的重要因素。"区块链 + 税务"的复合型人才的极度缺乏影响区块链技术应用于税收治理的相关作用的发挥，助长了纳税人寻租的投机心理，使纳税人更容易通过行贿、拉关系等方法拉拢腐蚀稽查人员，从而更加有恃无恐地进行偷逃税。由于区块链技术目前尚处于发展的初期阶段，技术本身及其应用还远未完善。当前很多企业和税务部门及相关政府机构对区块链技术的理解还停留在概念阶段，其从业人员和系统开发人员大多对区块链知之甚少。而税务区块链的开发及应用更是需要复合型人才，分布式网络、分布式计算、密码学、编译原理、税收实务和税收法律、经济学等方面的内容都需要涉及，而目前在区块链技术和税收这两个领域都具有专业知识的人才仍然极度缺乏。税务系统的开发人员或对区块链感兴趣的人，未能系统地了解区块链的原理和发展，缺乏区块链开发者应有的知识和技术储备；而专业的区块链开发者对税收实务中的治

理难点又把握不准，难以开发出比较完善的适合税收治理的区块链系统。现阶段"区块链+税务"的复合型人才的缺乏，在一定程度上阻碍了区块链技术在税收治理中的应用步伐。

第三节　本章小结

本章首先基于税收治理的五大体系以及行为财政中区块链技术下征纳双方互动行为模型均衡时影响征纳双方决策的六大因素，分析得出区块链技术的去中心、去信任、不可篡改、可追溯、公开透明、智能合约机制等特点在税收法治建设、税收征管、税收服务、国际税收、税收人才和组织管理等领域应用前景广阔，可用来完善税收法律法规，提升税法威慑性、降低征管成本、优化业务流程、促进数据共享、提升协同效率、建设可信体系等，从而促进税收治理的现代化。其次，从征纳双方互动行为模型均衡时影响征纳双方决策的六大因素（税收处罚力度、法律完备性、心理成本、税收稽查成本、信任、税收人才和组织的整体素质）入手，分析区块链技术在税收治理五大体系的现实应用中可能存在的局限性。如：区块链的智能合约问题会降低税收处罚的威慑性；加密货币征税难题会降低税法的完备性和精确性；区块链技术的"不可能三角"可能会提高征纳双方的心理成本；链上数据不可篡改会提高税务机关的稽查成本；区块链税收监管与隐私保护的冲突会降低征纳双方的信任感；区块链跨链技术与地区利益矛盾违背了纳税人的公平偏好；"区块链+税务"的复合型人才的缺乏助长纳税人投机心理。

第六章　行为财政视角下应用区块链技术
提升税收治理现代化的方案

　　区块链技术作为提升税收治理能力的新型技术工具，其价值已逐步显现。对区块链技术应用于税收治理进行研究的最终目的是要探求更加符合国家治理体系和治理能力及数字经济发展实践要求的税收治理的路径、模式及方法，以求实现税收治理的现代化。如何进一步构建基于区块链技术的税收治理体系，使区块链技术更有效地服务于税收治理现代化值得进一步探索。本章基于前述区块链技术下征纳双方的遵从互动行为模型的均衡点，针对当前区块链技术应用于我国税收治理存在的问题，结合其未来应用前景和可能面临的局限性，提出行为财政视角下应用区块链技术提升我国税收治理现代化的方案。鉴于美国、英国及欧盟内的一些北欧国家对区块链技术在税收治理中的探索及应用的步伐推进较快，采取的一些措施对我国在税收治理中推进区块链技术比较有借鉴意义，因此本章首先总结了国外应用区块链技术提升税收治理现代化经验，然后挖掘区块链技术在税收法治体系、税收征管体系、税收服务体系、国际税收体系、税收人才和组织体系等各单个方面的潜在应用模式，并将税收治理各大体系有机整合起来，在整体上形成基于区块链技术的智慧税务生态系统，促进区块链技术和税收治理的融合发展，以期来完善区块链技术在我国税收治理中的应用，推动我国税收治理的现代化。

第一节　国外应用区块链技术提升税收
治理现代化的经验借鉴

　　伴随着全球数字经济的快速发展，世界范围内的税收治理问题也日益凸显，税收治理成为世界各国高度重视的议题。同时新一代信息技术的发展也为世界各国探索利用新的信息技术构建新的税收治理体系带来了新机遇。从全球看，各地的税收征管部门都在积极探索和推进数字化转型。根据 OECD 税收征管论坛的一项调查，疫情期间四分之三的税收征管部门暂停或大幅减少了常规的现场审计工作，转移到虚拟或数字环境中，税收征管部门和企业都在采用创新方法包括云计算、区块链、人工智能等以增强合规性。2020 年 12 月，经济合作与发展组织提出了以税收征管数字化转型为主要内容的税收征管 3.0，都足以说明财税科技在各国创新税收管理中的重要价值。区块链技术作为一种新的数字技术被认为是 21 世纪的突破性发明之一。由于区块链技术的高度透明和不可篡改性能够为互不信任的各参与方提供实时可靠的税收信息，还可以运用智能合约实现交易的自动化，在税收领域的应用具有较高的适用性，被认为是当前最有前景的税务管理技术之一。

从全球范围来看，多国政府和税务机关纷纷从税收法治、税收征管、纳税服务等方面探索了区块链技术在税收治理领域的应用，以美国、欧盟、英国最为积极，目前已有不少尝试，如美国出台加密货币的税收政策法规细则，欧盟颁布第五次反洗钱指令修订提案（AMLD5）及《欧盟数据保护通用条例》等相关法规确保数据安全使用并合理征税为数字经济时代税收治理的健康发展保驾护航，英国政府发布《区块链：分布式账本技术》的研究报告阐述区块链技术在英国社会各个领域的潜在应用前景。这些国家对区块链技术的积极尝试和成功应用，为完善区块链技术在我国税收治理中的应用提供了经验借鉴。

一、加强税收法治化建设，依法保护纳税人权利

由于区块链技术在赋能税收治理的过程中必然会涉及国际税收规则的协调和各国国内税收法律的规制，因此区块链技术在税收治理中的创新发展与应用，必须在法律的框架内运行，满足合规要求。

（一）出台相关法律法规，平衡区块链税收监管和纳税人隐私保护

为合理处理区块链技术发展对税收监管政策的挑战，2017 年 2 月美国亚利桑那州通过了区块链法案，① 该法案将区块链技术定义为一种分布式、去中

---

① 资料来源：http://www.coindesk.com/arizona-pass-blockchain-bill/

心化、可共享、可复制的账本技术，可以是公开的或私有的，也可以是许可的或无须许可的，还可以是由通证化的加密经济学或无通证驱动，并规定：分类账数据受加密保护，不可变、可审计，并提供未经审查的真相。针对区块链透明度与纳税人隐私保护之间的平衡问题，2018 年 5 月 25 日生效的《欧盟数据保护通用条例》（GDPR）[①] 明确了用户同意作为数据处理的合法基础，规定了数据控制者的正当利益，引入了数据的访问权、更正权、删除权、被遗忘权和可携权等条款，限定了数据的跨境转移、云服务商与云客户之间的权利义务关系配置等。尽管 GDPR 规则建构于数据系统的中心化模式，但同区块链技术发展可以兼容。

（二）出台加密货币税收政策法规，提高纳税人感知到的税收稽查率

以区块链技术为底层架构的加密货币由于其运行不受司法辖区限制，收益不能源头课税且账户匿名，因而容易诱发逃税、洗钱、恐怖主义融资等非法活动，具有传统避税天堂的特征。为规范加密货币的使用，多国纷纷出台或拟出台相关税收政策和监管法规对加密货币的法律地位和征税问题予以明确。2014 年美国国内收入局（IRS）公布《虚拟货币指南：虚拟货币被视为美国联邦税收的财产——财产交易的一般规则适用》细则，之后美国本土关于区块链技术的实践应用如火如荼。针对加密货币的逃税问题，美国国内收入局（IRS）成立了 IRS 国际犯罪调查部门为发生的每笔比特币交易创建一个可追踪的公共账簿，以此方式取代现金追踪。[②] 2016 年 7 月欧盟委员会公布第五次反洗钱指令修订提案（AMLD5），[③] 作为其加强打击恐怖主义融资行动的重要举措，该提案旨在允许欧盟金融监管机构获取公众的受益所有人注册信息，降低由虚拟货币和匿名预付工具引发的相关交易风险，提高欧盟金融情报部门的监管能力。对加密货币征税的前提是必须要明确其法律地位，并将其依法确认为不同类型的资产，然后才可据以征税。目前各国之间对加密货

---

① 资料来源：https://gdpr-info.eu/issues/personal-data/

② 资料来源：https://cointelegraph.com/news/irs forms new team to track down crypto-tax-evaders.

③ 资料来源：Robby Houben, Alexander Snyers, Cryptocurrencies and Blockchain: Legal context and implications for financial crime, money laundering and tax evasion[M]. Study Requested by the Tax3 committee, July 2018.

币的法律地位、监管和税收政策并没有达成共识，而是根据本国实际在本国税收制度和法律框架内对加密货币的税收和监管政策及纳税人应如何申报加密货币交易等作出了不同的法律安排（如表 6-1 所示）。加密货币的具体征税方案则因各国对其交易性质和资产类别认定的不同，而表现为征收个人所得税（含资本利得税）或增值税两种方式。

表 6-1　世界各国加密货币税收政策比较

国家	法律地位	税收政策
美国	不具有法定货币地位，但被认为是应税财产	适用于财产交易的税收政策，缴纳所得税、工资税
加拿大	加密货币受所得税法约束	加密货币视同商品出售或购买
英国	不视为法定货币，没有具体的加密货币法律	个人持有加密货币进行投资，所得收益需缴纳资本利得税；个人从事加密货币交易，按利润征所得税；公司的加密货币损益缴纳所得税；不缴纳加密货币转让税；英国税务机关已发布关于加密货币的临时增值税处理的指导意见
俄罗斯	没有完全禁止加密货币交易	正在立法监管加密货币交易，并可能通过这项立法对加密货币交易征税
澳大利亚	2014 年发布加密货币税收指南，将加密货币交易视为易货交易	个人出售、赠送、交易或交换加密货币（包括将一种加密货币换成另一种加密货币），将加密货币转换为法定货币或使用加密货币获取商品或服务，将征收资本利得税；加密货币的交易、挖掘、交换等业务都需缴纳商品和服务税
法国	将加密货币定义为一种不受监管的虚拟货币，没有安全、可兑换性或价值的保证，没有法律地位或法规，不接受加密货币为货币	加密货币的一次性利润按资本利得征税。加密货币投机和挖矿所得的利润按累进所得税明细表征税；企业来自加密货币的利润按企业税制度征税；加密货币没有具体的增值税法，也不需要缴纳转让税；此外，根据新的法国房地产财产税，加密货币投资组合不属于应税资产
西班牙	对加密货币没有任何监管，政府拟对加密货币出台相关规定	对区块链技术行业的公司减税，将加密货币的利润根据《个人所得税法》征税
捷克共和国	对加密货币的发展不禁止，不积极推广，也不保护加密货币使用者	对以加密货币形式销售的商品和服务适用与传统货币支付相同的所得税规则
阿根廷	加密货币不是合法货币，交易可能受《民法典》管辖	根据所得税法销售数字货币所得的利润将被视为收入征税

资料来源：Hacioglu U.Blockchain Economics and Financial Market Innovation，Springer Nature Switzerland AG，2019：415–419.

　　欧盟的加密货币税法很复杂。欧盟虽然有关于加密货币的总体指导方针和法规，但具体各成员国内部的加密货币税收和监管政策仍由各国决定，存在差异性。[①] 在比利时，对加密货币的个人投资者而言，当投资具有投机性质时，已实现的收益要按33%的税率加上当地的附加费，当投资不具有投机性并且不属于任何专业活动时，这种投资的收益可以免税，损失不能扣税，对于专业的个人投资者，其收益可作为专业收入征税（适用25%至50%的累进税率，外加地方税和社会保障缴款）。比特币式的加密货币的兑换免缴增值税，加密货币不需要缴纳转让税。根据比利时新的投资组合税，加密货币投资组合不属于应税资产。

　　在法国，比特币式加密货币的一次性利润被视为出售无形资产实现的资本收益，并按19%的统一税率加上17.2%的社会贡献（总税率为36.2%）纳税。加密货币投机和采矿的利润被视为工业和商业利润，适用累进所得税表（45%的边际利润加上社会贡献）。对于企业来说，来自加密货币（包括货币投机和货币开采）的利润应根据一般企业的利润和亏损税制纳税。法国对于加密货币的增值税处理，没有具体的增值税法或指南。从加密货币采矿活动中获得的收入应作为服务供应缴纳增值税。当加密货币被兑换成法定货币，如欧元或美元时，对于加密货币的价值和中介机构收取的费用，不应缴纳增值税。为安排或进行任何比特币交易而收取的超过加密货币价值的费用，但与官方货币的外汇交易除外，须缴纳增值税。通过加密货币支付获得的商品或服务也要缴纳法国增值税（应缴纳增值税的供应价值将是交易发生时加密货币的欧元价值）。加密货币的销售不需要缴纳增值税，除非是为了持续获得收入而进行的交易。在法国，加密货币不需要缴纳转让税，加密货币组合不属于应税资产。

　　在德国，加密货币通常会被视为一种资产，征税的范围将特别取决于加密货币是作为私人资产还是商业资产持有，尽管企业被视为将其所有资产作为商业资产持有，但如果作为商业资产持有，所有利润将被征税，如果作为私人资产持有，借出的利润一般应作为收入纳税。只有在收购和出售发生在一年内，资本收益才需要纳税。以加密货币支付的款项被视为加密货币

---

①　资料来源：https://www.osborneclarke.com/insights/taxation–of–cryptocurrencies–in–europe.

的销售，并导致上述的税收后果。加密货币的开采可以作为商业收入纳税。德国税务局已经发布了关于加密货币增值税处理的指导意见。从加密货币挖矿活动中获得的收入一般不属于增值税的征收范围。当加密货币被兑换成欧元或法定货币，如英镑或美元时，加密货币的转移免征增值税。为加密货币交易提供平台的费用被认为是一种技术服务，应缴纳增值税。加密货币的支付不被视为增值税的服务，因此不在增值税的征收范围内。对于以加密货币支付作为商品或服务的对价，加密货币按交易时的汇率折算成交易发生国的货币。在德国，加密货币没有转让税，加密货币发行或转让可能需要缴纳遗产税或赠与税，在德国税法的意义上都将被视为"转让税"。

意大利税务局规定，对于个人而言只有投机活动才会被征税。意大利税务局认为，如果在财政年度内，至少连续7天，加密货币的所有权门槛超过约51，000欧元，就属于投机活动。加密货币的交易商须将利润作为收入纳税。这包括通过常设机构在意大利进行交易的非居民。对于需要缴纳所得税的企业来说，加密货币和其他货币之间的汇率变动的利润或损失应纳税。意大利没有涉及加密货币的具体增值税规则。根据意大利税务局的指导，购买和出售加密货币以换取欧元或其他货币被认为是外汇交易，交易保证金免征增值税。对于用加密货币支付商品或服务，应缴纳增值税的供应价值将是交易发生时加密货币的欧元价值。意大利没有对加密货币征收转让税。

在西班牙，对于个人来说，如果加密货币是作为投资持有的，那么加密货币将被视为一种资产来缴纳资本利得税。当纳税人交出加密货币时，应征收资本收益税。对于需要缴纳所得税的企业来说，从加密货币和其他货币之间的交换活动中获得的利润或损失应纳税。与个人一样，对于企业来说，从加密货币开采中获得的收入和相关费用是可以扣除的。为安排或进行任何加密货币交易而收取的超过加密货币价值的费用，免征增值税。从加密货币挖矿活动中获得的收入一般不在增值税的征收范围内。在西班牙，加密货币没有转让税，法律规定，以货币换取商品的交付行为免征。在西班牙加密货币作为纳税人财富的一部分需要缴纳财富税，且通过继承或赠与的方式获得加密货币，将与其他资产一样需要纳税。

在瑞典，个人出售或交换加密货币通常会征收资本利得税，如果加密货币是作为股票持有的，任何处置收益都将作为商业运作的收入来征税。个人开采加密货币可以作为商业运营收入或就业收入来征税。如果挖矿达到一定的门槛，挖矿的收入将作为企业经营收入来征税。挖矿和处置加密货币的企业通常应作为商业运营收入征税。然而，瑞典税务局提供的指导有限。根据瑞典税务局的指导，用加密货币兑换外国货币（包括克朗）免征增值税，用加密货币支付商品或服务被视为付款，只要加密货币具有与法定货币相同的功能。从加密货币挖矿活动中获得的收入一般不属于增值税的征收范围。在瑞典，加密货币没有转让税。

在荷兰，如果个人购买和出售加密货币作为商业活动的一部分，任何收益都将作为商业收入被征税（并且允许亏损），这也适用于开采加密货币的收益。当个人持有加密货币作为私人资产时，税务处理将取决于收益是否构成立法所定义的"收入来源"（来源是来自其他活动的收入），这将取决于每个案例的事实和情况。如果加密货币的收益没有根据上述规则征税，则作为储蓄和投资的收入征税。如果公司通过出售或挖掘加密货币获得收益，这将需要缴纳企业所得税。将加密货币兑换成外币，免征增值税。在荷兰，加密货币没有转让税。

英国主要金融机构不认为加密资产是货币或金钱。在税收方面，加密资产是股票等其他资产的同义词，将被相应征税。英国税务海关总署HMRC根据持有人的活动对加密货币征税。在绝大多数情况下，个人持有加密货币作为个人投资。英国税务局发布了关于加密货币税收政策的指导意见。英国税务局规定，个人以自己的账户购买、持有和出售加密货币，将被视为进行投资活动，应缴纳资本利得税，资本利得税是利润的10%或20%，取决于个人属于哪个所得税档次。个人从事加密货币交易所得将被作为个人收入对其利润征税，这包括通过常设机构在英国进行交易的非居民，非英国户籍的居民只需对非英国来源的收入和收益按"汇款基础"进行纳税。加密货币的地点或"所在地"对于非居民和非定居者来说特别重要，如果一个人是英国的税务居民，但在英国没有住所，他可以选择汇款原则。对于需要缴纳所得税的企业来说，加密货币之间汇兑变动的利润或损失应作为收入纳税。对于加密货币的增值税处理英国税务局规定：从加密货币挖矿活动中获得的收入一般不属于增值税的范围。矿工因其他活动而获得的收入，如提供与验证特定交易有关的服务，并为此收取特定费用，可免于缴纳增值税。当加密货币被兑换成英镑或其他法定货币，如欧元或美元时，加密货币的价值不应缴纳增值税。为安排或进行任何比特币交易而收取的超过加密货币价值的费用，免于缴纳增值税。对于以加密货币支付的商品或服务，应缴纳增值税的供应价值将是交易发生时加密货币的英镑价值。在发行或转让加密货币时，没有转让税。[①]

　　综上，各国对加密货币的使用术语、法律地位、监管政策及如何征税等都没有达成共识，但都依据本国的税收制度和实践情况制定了关于加密货币的实际指导方针。目前，对加密货币的征税问题提出一个可以适用于每个国家的单一模式是不现实的，各国应根据本国实际为纳税人制定有关加密货币使用的实际指导方针和适用的税收法规。在借鉴加密货币国际征税实践的基础上，立足加密货币交易规模日益扩大、监管滞后和缺乏税收法律规范的国情，我国可在现有税收框架内进行税制设计合理确定纳税税种和纳税环节，制定适宜的加密货币税收政策，并根据加密货币的发展情况及时调整，增强法律政策适配性，积极稳妥地引导和规范加密货币的发展。具体而言，鉴于现阶段加密货币的发展尚不成熟，可在确保法币地位稳定的前提下初步制定加密货币的税收行政法规或部门规章，待条件成熟再上升至法律。加密货币税收属性的界定是明确其纳税税种的基础。我国否定了加密货币的货币属性，但可基于税收目的将其视为具有商品属性或财产属性的数字资产，具有商品属性可能涉及货物和劳务税，如增值税、消费税等；具有财产属性可能涉及财产转让所得税，如个人所得税、企业所得税等。同时可基于我国直接税与间接税双主体的税制结构将加密货币的纳税环节分为所得环节和流转环节，在所得环节征收个人所得税、企业所得税等直接税，在流转环节征收增值税、消费税等间接税。所得环节包括因加密货币获得收益的各项活动，如挖矿、出售等活动；流转环节指加密货币在不同主体之间的流转，包括加密货币的销售和用来购买商品或服务。在此基础上再明确纳税主体、应纳税额等税制要素。

---

① 资料来源：https://blog-eu.bitflyer.com/cryptocurrency-taxation-europe/

二、加强税收征管体系建设，推进税收治理信息化

近年来，全球主要国家都在积极探索将区块链技术应用于税收征管，降低税收征管中的信息不对称和征管成本，减少税收欺诈行为。欧盟提出了在增值税管理中应用区块链技术的初步方案。英国皇家税务和海关总署将区块链技术视为一种全新的税务管理技术。卢森堡政府在纳税申报和审计上已初步探索并尝试了基于区块链技术的应用方案。一些北欧国家计划对企业工薪税采用区块链技术进行征管。2017年，丹麦税务机关运用区块链技术构建了车辆钱包项目（Vehicle Wallet），该项目将有关汽车的所有数据存储在区块链上，实现车辆历史记录的共享，并使用经验证的加密服务来确保车辆信息的安全、完整、有效。在此基础上，如果车辆在二手销售过程中经历了测试、维护、贷款、保险变更等多个阶段，都可以在该项目链上进行记录和检索。在国际上，当前比较有借鉴意义的主要是区块链技术在增值税征管和工薪税征管中的应用。

在增值税征管上，为解决增值税跨境欺诈问题，安斯沃思（Ainsworth）教授等学者在现行欧盟增值税制度基本框架下构建了一套基于区块链技术的跨境增值税征管系统。[①]该系统通过智能合约强化税收监管，并可轻松应对欧盟成员国内不同税收规则导致的增值税数据共享问题，并保障各方数据安全。系统借助人工智能，对细颗粒度的发票级税收信息以及关联数据库信息进行风险分析，从收据到银行存单，实时识别增值税欺诈行为。与现有审计方式相比，该系统中的偷税漏税行为将更容易被发现。实体商家、银行以及其他金融机构的偷漏税行为会因可追溯性及透明度的提高而更难隐匿。欧盟以外的国家无须权威的第三方认证，就可以加入增值税区块链系统，并且像欧盟成员国一样共享和利用数据。欧盟融合区块链技术的增值税征管架构设计经验表明，在保持现行税制的基本框架下，运用技术手段解决增值税欺诈问题

[①]　资料来源：Richard T. Ainsworth, Andrew Shacht, Blockchain（Distributed Ledger Technology）Solves VAT Fraud[S]. Boston University School of Law Law & Economics Working Paper No.16-41, June 20, 2016.

可能是未来的最佳选择。

当前，全球主要国家工薪税的征管主要依赖于个人就业和收入状况等相关信息的披露，但囿于征纳双方之间以及政府部门间信息难共享的现实问题，目前仍以传统的雇主申报缴纳模式为主。北欧部分国家计划通过区块链技术进行企业工薪税的征管。芬兰正在使用 Futurice 区块链程序探索区块链技术作为税务代理人在工薪税缴税过程中的技术性应用。该应用程序将使政府多个部门对员工工薪记录和雇主支付信息进行匹配访问，助力企业以更低成本实现全球薪酬合规管理。[1] 区块链技术的引入颠覆了传统的工薪税申报纳税模式，通过编制算法计算应纳税额实现税款的自动扣缴，这就从源头上消除了工薪税的欺诈行为。未来，我国可以探索将区块链技术应用于个人所得税征管系统的改进，促进个人所得税征管的信息化、自动化，减轻税收管理部门的负担，有效提高税收征管的效率和水平，解决信息不对称造成的税收流失问题。

三、完善纳税服务体系，推进税收治理社会化

随着区块链技术的应用越来越广泛，世界多国政府都在积极探索运用区块链技术构建更加智慧的公共服务。2016 年 2 月，英国政府发布了一份题为《区块链：分布式账本技术》的研究报告，[2] 报告指出区块链技术有潜力改善政府在收税、提供福利、发放护照、土地注册登记、保证商品供应链以及政府记录和服务的完整性等方面的服务，并推荐英国政府积极探索和试验分布式账本技术。英国财政部和监管局为评估和探索区块链技术在财政领域的应用潜力及可行性成立了区块链特别工作组展开积极研究。英国政府为鼓励区块链技术的研发和应用，联合技术发展部门投入大量资金支持开发区块链技术，并出台政策保障致力于发展区块链技术的人才，为区块链技术发展提供宽松的外部环境。分布式账本技术可以在政府公共事务管理中发挥重要作用，区

---

① 资料来源：Richard T. Ainsworth, Ville Viitasaari, Payroll Tax & the Blockchain[R].Boston University School of Law Law & Economics Paper No.17-17, 2017.

② 资料来源：the UK Government Office for Science, Distributed Ledger Technology: beyond block chain, the UK Government Office for Science Paper, October, 2016.

块链技术应用于政府内部可以降低成本，提升透明度，减少金融欺诈，提升金融普惠性，促进创新和经济增长。

为加速欧洲数字化进程，欧盟正在运用区块链技术为欧盟所有公民设立数字身份，并进而搭建一个区块链社会，实现包括纳税服务在内的所有公共服务的数字化。2021年6月欧盟委员会提出欧洲数字身份框架计划，敦促成员国为欧盟所有公民设立数字身份档案系统，提供数字身份钱包。[①] 数字身份钱包可用于存储和管理用户个人的身份数据，也可将驾照、学历、医疗处方、银行账户等信息相关联，通过数字身份钱包用户可以访问网上银行、申请贷款、提交纳税证明、办理机场登机、在欧盟范围内的高校办理注册入学等。数字身份钱包还能提供租车等服务。此外通过数字身份钱包分享哪些个人信息由用户自主决定，从而不必担心与相关在线服务无关的个人信息的泄露。除提供在线服务的私营或公共机构必须接受"数字身份钱包"外，其他用户可以选择是否使用"数字身份钱包"。为尽快使其成为现实，委员会邀请成员国在2022年9月之前建立一个通用工具箱，并立即开始必要的筹备工作。该工具箱包括设立技术架构、标准和指南。欧盟委员会主席冯德莱恩对这一数字身份计划寄予厚望，"通过它可以做任何事情，从纳税到租用自行车甚至入住酒店登记等"。数字身份还可以参与发展电子签名。

无疑区块链技术的应用正在创造一个全新的政府服务体系。多国政府运用区块链技术推进公共事务管理的信息化，从而将纳税服务和其他社会服务关联起来，在更深层次上为纳税人和居民提供更加便捷的社会服务。因此，区块链技术可能为国家能力尚不健全的发展中国家提供跨越式发展的可能性，未来可运用区块链技术推动税收治理和社会治理的融合发展。通过技术的恰当应用，帮助政府部门降低运作和监管成本，帮助中小企业纳税人降低交易成本。

第二节　结合区块链技术发展完善税收法治体系

科技是国家强盛之基，法治是国家之本。党的十八大以来，在习近平法

---

① 资料来源：https://mp.weixin.qq.com/s/DpRdYT7YV5m1bNjZLko2_Q.

治思想的科学指引下，我国税收法治建设大踏步向前迈进，新一轮科技革命和产业数字化转型与我国税收法治建设形成历史性交汇，财税科技发展在给当前税收法律法规带来挑战的同时也为我国税收法治体系的完善提供了难得的机遇。近年来区块链技术虽已在税收领域开展应用试点，但与区块链技术应用相关的税收法律法规的缺失，会阻碍区块链技术在税收治理中的快速应用与发展。并且区块链技术的发展势必会对税收征管等带来巨大的改变，同时也会给相关的税收法律带来冲击。因此，为保证税制的稳定性和法律的权威性，未来税收法治体系的完善需要结合区块链技术的发展，在加快具体税种的立法过程中增强预见性，完善与区块链技术匹配的税收政策法规，如研究出台加密货币的税收政策和监管框架，结合税务区块链的影响完善增值税立法等。现有税收法律如税收征管法和其他实体税法要随着区块链税务应用的不断深入，进行相应完善或较大程度的变革，为税务区块链的运行提供法律依据。在纳税人的各项活动皆有法可依的基础上，通过多样化的惩罚方式加大对偷逃税等税收违法行为的惩罚力度，增强税法威慑性。在税收执法中建立基于区块链技术的税务执法机制，用区块链技术辅助税收执法更加公平公正高效地实施，推动税收法治体系的现代化，为构建基于区块链技术的数字税收生态系统提供良好的法治环境。

一、完善区块链相关税收法律法规，确保税链运行有法可依

落实税收法定原则是党的十八届三中全会提出的重要任务，要求在 2020 年基本完成，截至 2025 年大部分任务已经完成，但后续立法任务依然艰巨。税收法律体系的健全程度影响纳税人的税收遵从度和满意度。纳税人依法纳税，税务机关依法治税的前提是有法可依，未来要结合税务区块链的影响加快修订完善税收实体法和程序法等相关法律。

（一）研究出台加密货币的税收政策和监管框架

基于区块链技术本身是加密货币技术衍生的，研究出台加密货币的税收政策和监管框架是确保税链有效运行的必然要求，加密货币应该以低税率征税并配合较高的税收处罚率，才能使加密货币投资者和政府双方同时实现利

益的最大化。因此，为防止利用加密货币进行逃税，税务机关需要在低税率和高税罚的指导方针下，加强对加密货币的进一步监管。对加密货币征税的前提是需要对加密货币进行详细的分类，给纳税人以明确的指示，降低其税收遵从成本。结合国际经验，根据在不同情况下加密货币的分类进行具体税种的征收，如资产税、企业所得税、个人所得税、资本利得税、增值税等。如对于分类为资产的加密货币，可以适用资产交易的税收政策；对于雇员收到的以加密货币形式支付的工资，以及支付给独立承包商和其他服务提供商的加密货币，适用个人所得税；对于用于购买商品和服务的加密货币，适用增值税；对于用于投资的加密货币所得，可以适用资本利得税等。此外对应税交易的范围也要作出明确的规定，全面完善对加密货币的监管。

（二）结合税务区块链的影响完善增值税立法

增值税是我国第一大税种，收入占全国税收的将近四成，虽然 2024 年 12 月增值税法已出台，但增值税法的具体实施仍需结合实践需求不断完善。随着区块链电子发票等应用的逐步推开，在增值税立法过程中，应当充分考虑区块链技术应用对增值税征管的影响，增强立法的前瞻性和适用性。首先要对区块链电子发票的法律地位、属地及监管出台明确的法律规定，可以把深圳经验在全国推广，使区块链电子发票与常规的增值税发票具有相同的权利和法律地位，并可用作报销凭证，并在此基础上进行完善，为区块链电子发票的推广提供基础保障。其次对区块链电子发票的标准出台全国统一的法律法规，以满足跨地区、跨行业的互联互通。最后对区块链电子发票推广中存在的现有增值税进项抵扣等相关政策要及时更新，使区块链技术在增值税征管中的应用更加顺畅。

（三）完善对无法编译成智能合约代码的自由裁量权的税收立法

区块链技术下的税收法律法规是通过智能合约代码将传统税收法律法规描述成机器可以执行的语言。智能合约的代码逻辑最强调的是"确定性"，即无论运行多少次，无论在什么环境下运行，都应该确定地返回相同的结果。而现有税收法律法规在实际执行中由于精确度不够等原因，存在不同程度的自由裁量权，从而无法编译成智能合约。因此为促进智能合约与传统法律的完美融合，首先需要对税收征管中区块链技术的应用进行更加细致、精确的立法，充分考虑链下所有可能出现的情况，确保其明确、具体、最大程度地约束公权力掌控者执法的"自由裁量权"。其次要不断深化现有税收法律法规对区块链技术的适用性，补充完善税收征管中区块链技术解释、发展的适用条款，及时制定更新与区块链技术发展相适应的法律法规和会计准则。根据对区块链技术相关税收法律法规的完备程度，逐步将智能合约嵌入到税收征管系统中，适当配合链下人工监管和执法，确保区块链技术与税收征管的良好融合。

（四）结合税务区块链的影响修改完善现有税法

除立法外，税法的修改也同样重要。目前包括实体法和程序法在内的很多税法都需要根据实践发展进行修改完善。实体法中企业所得税法，个人所得税法虽都有一些重要的修改，但在区块链技术应用后仍需进一步推进。结合企业所得税、个人所得税的特征，出台具有针对性的区块链技术开发应用规则。程序法主要是税收征管法，现行税收征管法是 2001 年中国入世前夕制定的，20 多年来我国的社会、经济、税收管理以及企业各个方面都发生了很大的变化，20 多年前的征管法在很多方面都已不能适应今天数字经济税收实践的需要了，因此必须修改。当前区块链技术在税收实践应用中逐步推开的前提是区块链技术本身必须获得法律授权。因此首先要对区块链技术的监管、应用程序和标准作出统一规定，对何种行为属于违法行为、违法程度及违法后应给予何种处罚等作出明确判定。随着区块链技术的发展，税收征管法应按照区块链技术标准的相关规定对税收征管的具体业务、标准、权限分配等问题进行重塑。另外，法律应确保赋予税务机关及涉税信息使用机关的权力与政府保护纳税人信息的责任相一致，技术的发展也应考虑到个人隐私、信息保密和透明度规则。最后，在修订完善实体法和程序法的基础上还应该有更高的战略，研究起草税法总则，为未来制定税法典做准备。修订税收基本法，对区块链技术在税收治理中的法律地位和适用范围予以明确，并逐步实现区块链技术规则和配套法律及监管制度的系统化。

二、加大对偷逃税等违法行为的惩罚力度，增强税法威慑性

税法的威慑性在于对不法行为的惩罚力度与执行力度大。纳税人感知到的税收稽查率、税收处罚力度及违法成本通常是纳税人判断是否偷逃税款的决策依据。前面的模型分析也表明加强对偷逃税等违法行为的惩罚力度能够使纳税人的税收遵从度显著提高。因此，首先要对税收征管法中有关税收罚则的条款进行调整和修改，提高对偷逃税等违法行为的处罚标准。一方面降低纳税人偷逃税的预期收益，另一方面增加纳税人偷逃税的心理成本，使处罚达到让偷逃税者"一朝被蛇咬十年怕井绳"的效果，增强税法的威慑性。其次，借助区块链技术智能合约的自动执行机制降低税务机关税收处罚的自由裁量权，使具体实施中税收的实际处罚率与名义处罚率保持一致，增强税收处罚的威慑力。最后，凭借区块链技术实现处罚方式的多样化，增加纳税人偷逃税的心理成本。如利用区块链技术分布式数据网络实现多部门信息互联互通的优势，在现有对偷逃税者罚款、加入黑名单、限制出行自由等财产处罚和人身处罚的基础上，增加禁止从事特定行业工作、禁止某些市场准入资格、链上公告违法事实等对偷逃税者资格和声誉方面的处罚。通过多种处罚方式的配合使用，从总体上提高实际处罚率，增强税法威慑力，提高纳税人偷逃税的心理成本。

三、建立基于区块链技术的税务执法机制，增强执法规范性

上下级及不同辖区的税务机关与纳税人、海关、工商、财政、银行、法院等相关部门间应采用联盟链形式，建立基于区块链技术的税务执法机制，有助于增强税务执法的规范性，提升税务机关执法水平和纳税人满意度，促进纳税人主动遵从。

首先，利用区块链技术的运行规则及公开透明性将税务人员执法的各操作环节实时上链，执法信息在联盟链的各节点共享，以便全网监督，快速发现并纠正执法中存在的问题。联盟链上的所有节点的记账权限相同，但管理权限和访问权限依税务部门的级别高低由大到小下放。如基层税务部门的办

税人员只能查看辖区内纳税人及同级其他相关部门的涉税信息，而查看其他辖区内纳税人的涉税信息则需经上级税务机关同意。同时税务执法人员在上级税务机关及纳税人和其他相关部门的监督下使用涉税信息，可遏制内部腐败的发生，有效规范税务工作人员的执法行为。

其次，利用区块链智能合约的自动执行减少税务执法人员执法过程中运用税法赋予的自由裁量权进行徇私和腐败。同时智能合约的自动触发使执法程序链上流转，提高不同地区、不同部门间执法活动的协同性，使不同地区的相关部门对税收违法行为开展联合稽查，增强税收执法的精确性和威慑性。

最后，执法结果也在链上反馈，以便于上下级税务机关及不同地区间执法结果的互认和相关案件的追溯查询。

四、借助区块链实现税收法治的公平公正，增强社会信任感

税收法治的公平公正不仅包括税收立法和执法的公平公正，也包括税法本身的公平性。税法本身的公平性不仅包括横向公平和纵向公平也包括政府提供的公共物品和服务与纳税人缴纳的税款之间交换的公平性。一般而言纳税人多通过税率的变化直观感知税法本身的公平性。

首先，由于纳税人具有参考依赖，经常会将自己的税收负担、审计、处罚实践等待遇与周围其他纳税人进行比较，应用区块链技术将所有纳税人适用的税收法律条款及纳税遵从情况在链上公示，以便纳税人通过与其他纳税人的比较，增强对税法本身公平性的感知，并在从众心理的作用下按时足额缴纳税款。

其次，纳税人一般依据其主观感知到的宏观税负的高低来度量交换的公平性。截至 2021 年跟发展中国家比我国的总体税负还是稍微高了点，根据财政部统计 2021 年政府收入占 GDP 的比重是 25.7%，[①] 纳税人税费负担总水平应该说还是不低的，因此继续减税降费依然很有必要。而区块链技术的

---

① 数据来源：财政部官网，财政数据，政府收入以大口径全部政府收入的"四本账"收入总额为基础，减去国有土地使用权出让收入和财政对社会保险基金补助支出（或社会保险总收入中的"财政补贴收入"），2021 年政府收入总额为 295041.86 亿元，占 GDP 比重 25.7%。

应用对征管能力的提高可以完善政府收入管理为继续减税降费提供潜力和可能性。并且纳税人由于自身税务知识的欠缺，通常会把税负与最高边际税率挂钩，在损失厌恶心理的作用下，较高的边际税率会增加其税负痛苦指数，从而随着税率的提高纳税人隐瞒不报的收入也在增加，高税率会一定程度上降低税收遵从度。因此，税法的修订要综合考虑纳税人的税收负担，不能轻易提高边际税率。如随着区块链技术对征管条件的改善，可以通过适当降低税率来降低纳税人的税收负担，以体现税法的以人为本及对纳税人个人权利的尊重和保护，使纳税人与税务机关在彼此信任和尊重的关系中，更愿意诚实纳税，提高遵从意愿。

第三节　运用区块链技术完善税收征管体系

区块链技术被认为是一项革命性的技术，是开放式技术创新的一种非常真实的形式。区块链技术允许对等交互，具有自治、平等和透明的特征。一旦信息记录在区块链数据库中，便很难删除或更改，该技术通过分布式网络以数字方式将交易记录实时分发到网络中的所有相关各方，实现业务实体与个人之间的协作以及业务流程和数据的透明性，使网络中的多个参与者达成共识，保证了数据的完整性、准确性、透明性、安全性和互操作性，也加快了交易的完成速度，降低了欺诈风险，提高了交易的可审计性以及监管的有效性。区块链技术通过使用智能合约（计算机代码自动执行书面合同中的"如果发生了，就做那件事"元素的计算机代码），使纳税人更容易纳税，也可以使政府减少税收流失。

区块链技术特征使其在税收征管领域应用潜力巨大，将区块链技术应用于税收征管可以获取更加全面、精准、真实可靠的税收数据，减少逃避税行为和税收欺诈风险，实现税款的实时征缴。在基于区块链技术的税收征管系统中，纳税人在区块链上进行登记后，纳税人发生的每笔交易和收入等也都会记录在区块链上，这样纳税人就不能隐瞒真实的税源数据。同时可使用智能合约来进行授权征税，将纳税人的银行账户与区块链关联起来，当区块链校验到收入或交易达到特定额度时就自动扣除相应的应纳税额，税收的自动化能够大大减轻税收管理部门的负担，提升征管效率和水平。因此运用区块链技术对现有税收征管体系进行完善，研究设计区块链技术在增值税、所得税等具体税种征管中的应用场景和架构方式，可以减少由于信息不对称而导致的税收流失问题。因此可以以信任、理解、透明为前提，运用区块链技术完善税收征管体系。

一、建立基于区块链技术的增值税管理系统

（一）建立基于区块链技术的增值税信息交换系统

数字经济新时代，各地可以建立基于区块链技术的增值税信息交换系统，通过信息的高度透明和实时交互提高纳税人感知到的税收稽查率和偷逃税的心理成本，来解决增值税欺诈问题，提高税收遵从度。图 6-1 总结了该系统中的数据流，图中箭头方向代表数据流动方向，已达成共识添加上链的数据块边框为实线，等待验证的数据区块边框为虚线，待网络节点对交易达成共识并通过验证后方可上链。每个数据块都记录着交易过程和交易内容的全部信息。图中 A、B 双方进行交易时，各自以加密的可扩展标记语言文件（Extensible Markup Language File 简称 XML 文件）向各自的税务部门转交这份暂定协议（形式发票），然后通过云到达每个指定节点。各地所需贡献的节点数依各地 GDP 多少而定。每个节点需要立即访问关于双方的所有标准发票及数据，包括姓名、地址、增值税 ID、价格、数量等信息，并进行人工智能风险分析，最后在人工智能的协助下，对该笔交易进行批准或不批准。如果达到交易双方按照协商一致设定的批准阈值（图 6-1 中假设为 75%，实践中按双方协商确定），则达成共识，交易将被自动登记，数据区块 3 将添加上链，卖方 A 向买方 B 开出增值税发票，否则将被系统认定为异常交易而提醒税务当局，不能开出有效的增值税发票。这样参与者不必相互信任也无须通过中间机构就能够进行可信交易，同时也解决了税收欺诈问题。

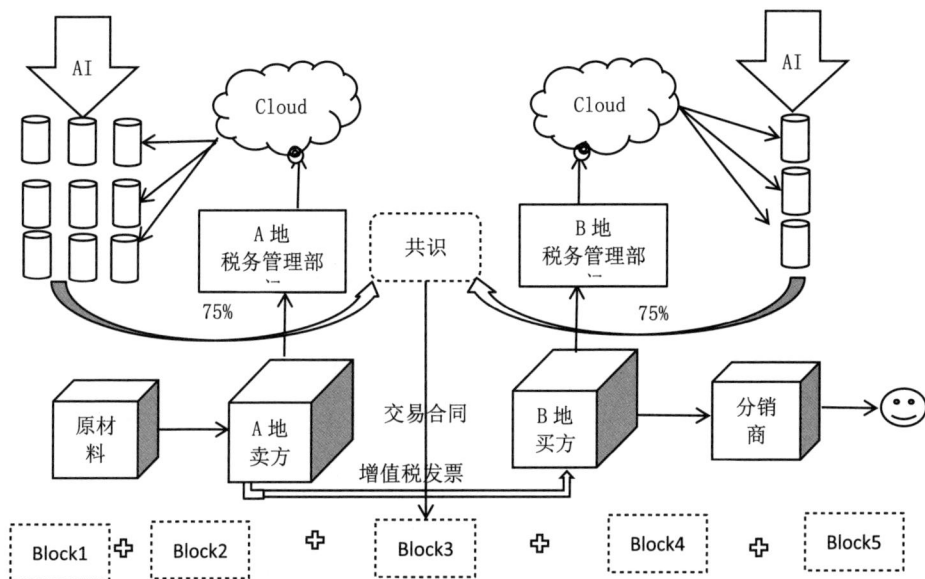

图 6-1 基于区块链的增值税信息交换系统（假设具有 75% 共识）

（二）建立基于区块链技术的增值税税款征收系统

区块链技术"去中心化"的分布式存储架构，对原有的中心化系统提供了一种可能的优化途径。现阶段在增值税税款征收中应用区块链技术可以优先考虑采用许可链技术架构，在保留"部分中心化"特点的同时，保证系统的运行速度、存储需求及数据的安全性与可控性。

建立基于区块链技术的增值税税款征收系统，能够简化交易流程加快交易完成，减少欺诈风险，提高交易的可审计性和监管的有效性。在基于区块链技术的增值税征管系统内，交易实时进行，记录在分布式账本上，智能合约能够自动计算税款并将应缴税款从客户的支付中划拨出来直接发送给税务部门，完成税款缴纳。此时，纳税人会以税后收入为参照点，并将实际收入和应缴税款划归不同的心理账户，这就降低了其缴税的损失厌恶度。所有的税收优惠政策都会被写入智能合约，在满足预设条件时自动执行，这就显著降低了交易成本和税收欺诈风险，使企业节省了时间和会计服务成本，大大减轻了企业的纳税遵从负担，在提高纳税人满意度和税收道德的同时也保证了税收收入的及时足额入库。而且，所有由智能合约执行的交易都是透明和防篡改的，这就降低了系统发生欺诈和错误的风险，从而增进纳税人和税务部门之间的信任感。区块链技术的高度透明性和不可篡改性，可以确保相关方的涉税数据实时共享，并有效地追踪增值税是否已支付以及在哪里支付，使跨境在线交易的错误信息和欺诈行为更容易被发现，提高纳税人主观感知到的税收稽查率，从而减少逃税和跨境税收欺诈行为。

基于区块链技术的增值税税款征收系统中增值税交易仅需两个步骤。第一步，客户付款给卖方企业。区块链智能合约自动计算发票金额并将其划分为增值税和非增值税两部分，系统通过智能合约将增值税款直接支付给税务机关，并将非增值税部分转入公司账户。第二步，卖方企业通过智能合约向其供应商付款。智能合约将到期金额发送给供应商，并计算增值税发送给税务机关。整个系统使用类似比特币的增值税币作为纳税工具，未来所有接受增值税币的国家都将被纳入到该系统中，增值税币可以在纳入该系统的国家之间作为现金交换工具使用，但不能兑换为现金或任何其他货币，增值税以智能合约的形式使用增值税币完成支付。而且，使用增值税币支付的进项税和销项税都将被实时记录并添加到区块链中，以备具有相关权限的各参与方查看和验证发生的交易以及可能产生的增值税金额，税务主管部门也可以实时访问和监视交易的动向。因此，区块链技术使增值税在税务当局的直接监督下实时征收。

二、建立基于区块链技术的所得税管理系统

运用联盟链技术建立基于区块链技术的所得税管理系统（如图6-2所示），通过嵌入智能合约来去除中介机构实现所得税管理流程的完全自动化。在数据层对所得税涉税信息和交易数据进行分布式存储、传输和验证，确保涉税数据的真实性、安全性。将涉税数据信息都写入区块中，使得税务部门和其他各节点更加全面地掌握纳税人的经济活动，降低信息获取成本。基础服务层通过身份认证管理、权限管理、数据分析、监控管理、信用管理等为整个系统提供后台服务，便于下一步各接入部门运行智能合约自动执行。通过身份认证管理和权限管理，可以解决区块链的访问问题，确保只有通过真实身份认证的纳税人和相关部门才可进入系统，并且系统管理员会根据节点

的身份对不同的节点设置不同的权限，确保只有具有相应权限的节点才能查看相应数据，确保系统和数据的安全性。数据分析是在基础数据层的基础上，对庞杂无差别的数据进行标准化以便直接可以利用。在数据分析的基础上，对纳税人进行有针对性的监控管理、信用管理并提供个性化的纳税服务。接入层主要是以税务机关为主导在工商、财政、银行、公安、海关、纳税人等相关部门间建立一个联盟链，实现各部门间低成本的信息共享。智能合约层将所得税税法和税收优惠政策用程序语言转换成合约规则，并以代码的形式予以保存，在纳税人行为达到某种条件时立即自动执行。如当交易符合税收优惠的合约规则时就会自动按税收优惠政策计算税款并执行扣缴，当系统检测到纳税人的交易状态出现异常行为时便提前进行风险预警，并在纳税人违规时自动触发相应处罚。通过处罚的自动化在一定程度上加大了处罚力度，提高了税收执法的威慑性。最后在应用层布置所得税管理的各种应用场景，包括纳税申报、发票管理、税款征收、风险识别、税务稽查、信息汇总、信用评级、政策优化等，从而使所得税管理系统在区块链技术的支撑下更加智能高效。

图6-2　基于区块链技术的所得税管理系统基础架构

基于以上这个由税务机关主导的许可式开放系统，个人所得税的征收可以使用智能合约正确计算与纳税人收入相匹配的税收，实现自然人收入和税款的实时支付。交易历史透明且无可争辩，减少争议，便于对平台经济中一些网红、明星等高净值收入人群的监管，也节省了对自然人来源广泛的收入的监管时间。如个人工资所得税的征收，可以由雇主输入工资总额，然后运用区块链系统内智能合约技术匹配税收数据与工资支付，计算正确的税款和社保金额，最后智能合约将净工资自动发放至员工账户并计算税款上缴给税务机关，有效防止偷税漏税行为的发生。

三、基于区块链技术构建合作型征纳关系

传统征管方式下税务机关与纳税人之间缺乏基本的信任，征纳关系不平等，对抗性征纳关系长期存在。当前面对日益复杂的社会经济状况，税收征管主体日益多元化，不再局限于单一的税务部门，税务部门需要与社会协同治理、合作治税，才能够满足税收征管的现实需要。区块链技术的应用可以使征纳双方以信任、理解、透明为前提，构建合作型征纳关系。首先，基于区块链对等网络实现税收治理主体的对等化、合作化。区块链分布式网络能够使各参与方的身份、权利、责任和利益的对等有效实现，且数据在网络节点的实时同步更新使各参与方之间的合作更加便捷，提高了合作伙伴的积极性。借助于区块链的P2P网络，将纳税人、税务机关及社会中介机构均作为网络中的一个节点，平等地发送和接收网络中的消息，并对系统中所有节点的交易行为进行记账，且账簿内容公开透明，任何一方不可篡改，共同维护涉税数据的安全可靠。政府与纳税人之间不再是管理者与被管理者的关系，而发展为新型的平等合作、依赖互动的关系。其次，利用区块链的公开透明性为合作性征纳关系的构建提供信任基础。区块链技术下纳税人和税务机关之间的透明度提升，有助于减少税务部门和纳税人之间的争议，增进相互理解，并在双方之间建立以信任为基础的征纳关系，从而带来更优的税收治理。税务机关对纳税人的充分信任可以鼓励纳税人在税收领域主动承担更多的责任，使纳税人更积极、更全面地履行纳税义务。在基于区块链对等网络中，纳税人成为税收管理和服务中网络数据维护的参与者和提供者，从而使纳税

人在主观意愿上提高税收遵从度，也使征纳关系由对抗走向合作。

四、以联盟链方式创建涉税信息共享协调机制

2021 年 3 月中共中央办公厅、国务院办公厅印发的《关于进一步深化税收征管改革的意见》提出依托智慧税务建设实现纳税人信息归集的指导思想，要求到 2025 年，税务部门与相关部门之间建成常态化、制度化的数据共享协调机制。因此，首先要在顶层设计上构建全国范围内的涉税信息共享协调机制。区块链技术既可以共享数据、追溯数据来源、验证其真实性，又可以通过设置不同的访问权限来保护数据私密性，还可轻松建立不同部门、不同文件的提供者和使用者之间的信任关系。对于既需要共享数据，又要保护各部门内部的数据私密性的涉税数据的共享，区块链技术是一个很好的选择。将区块链技术与现有税收系统对接，基于区块链多中心、分布式共识的特点，以联盟链的方式创建开放互动、多方参与的涉税信息交换共享平台，实现政府部门间的信息共享、资质互认、征管互助，将企业、税务、政府监管部门链接起来，形成齐抓共管的局面，打破"信息孤岛"现象，改进各部门、各机构共享和管理税收文件与数据的方式。

（一）建立面向纳税人的"区块链 + 纳税服务"涉税信息共享平台

首先，以联盟链形式将税务、公安、企业、社保、银行、保险、不动产管理等部门关联起来，建立全国统一的纳税人税费信息共享平台。各部门依据纳税人识别号将纳税人的户籍、不动产、社会保障、工资、薪酬、证券、保险、银行等账号相关联，在此基础上，再进一步将纳税人的相关信息，如财产与收入登记、不动产评估价值、纳税申报、纳税信用等级、税款解缴及补退等，上传至联盟链，形成一个分布式的纳税人税收信息数据库。其次，税务机关依托该平台在实现法人、自然人涉税信息的"一户式""一人式"智能归集的基础上，基于数据的归集、分析和融合应用等创新纳税服务模式，实现纳税服务一体化协同，如一网通办。以联盟链共享平台对涉税数据的挖掘和融合应用为支撑，推动纳税服务的数据化；基于纳税人特征分析为用户画像，准确把握纳税人需求，有针对性地提供专门服务和推送服务，推动纳税

服务的场景化；建立线上纳税服务平台与线下实体办税大厅的纳税服务事项的多渠道无缝衔接、融合联动，实现涉税事务办理的全天候、全覆盖、全流程、全联通，推动纳税服务的融合化；通过服务事项编码统一、办税指南标准统一、同一事项标准统一等，推动以跨层级、跨部门、跨区域为导向的纳税服务的标准化，如同一事项在办理条件、办理材料、办理流程、办理时限等方面实现统一标准。最后，在纳税服务的数据化、场景化、融合化、标准化的基础上，逐步实现数据与业务的统一、线上和线下的统一、技术和行政的统一，推进纳税服务的创新发展，最大限度地便利纳税人，增强纳税人满意度和获得感，助力诚信社会发展。

（二）建立面向税务部门的"区块链＋税务管理"平台

在税务机关内部各部门之间基于联盟链建立面向税务人员的税务管理数据共享平台，提高税务人员的工作效率，满足决策层宏观管理的需要。首先，各部门的系统数据和各税务工作人员的履责数据会实时记录入链，并对税务机关信息和税务人员信息分别进行"一局式""一员式"的智能归集，形成一个分布式的共享数据库。其次，在数据有效归集的基础上进行分析利用。一方面，基于联盟链的共享数据库平台，本局各层级、各职能部门之间可通过数据的实时传输和共享实现业务的集成和联动。另一方面，智能合约会基于已有数据对税务工作人员的履责全过程自动进行考核评价，对系统数据进行分析自动生成相关报告，并自主分类推送给相关部门，为决策层的科学决策和各部门的任务分派提供依据。最后，基于联盟链共享数据平台建立综合的区块链税务管理平台，统一调度安排各层级、各职能部门履责、办公、预测、决策等一切事项，增强部门之间工作的协调性和管理决策效能，提高税务工作人员工作的积极性和效率性。

（三）建立面向社会的"区块链＋综合治税"平台

在全国统一的纳税人税费信息共享平台的基础上，建立面向社会的大数据综合治税平台（如图6-3所示），通过对数据的汇聚、连接、融合、应用、联动、优化，将政府开放的数据与社会数据融合，实现政府部门、涉税企业、社会公众更大范围的互联互通、信息共享与协同共治，满足整个社会综合治税的需要，共同营造诚信纳税的社会环境。依托统一的税收大数据信息平台，构建基于区块链技术的税收治理框架。通过税收大数据的智能化应用，依据纳税人的遵从行为对其进行信用评级和风险监控，建立纳税人分级分类监管机制，对高风险高收入高净值纳税人进行重点监管，从税收征管、税收遵从、纳税评估、纳税信用评级、税收绩效整个流程，筑牢全社会协同治税机制的现代信息管理基础。

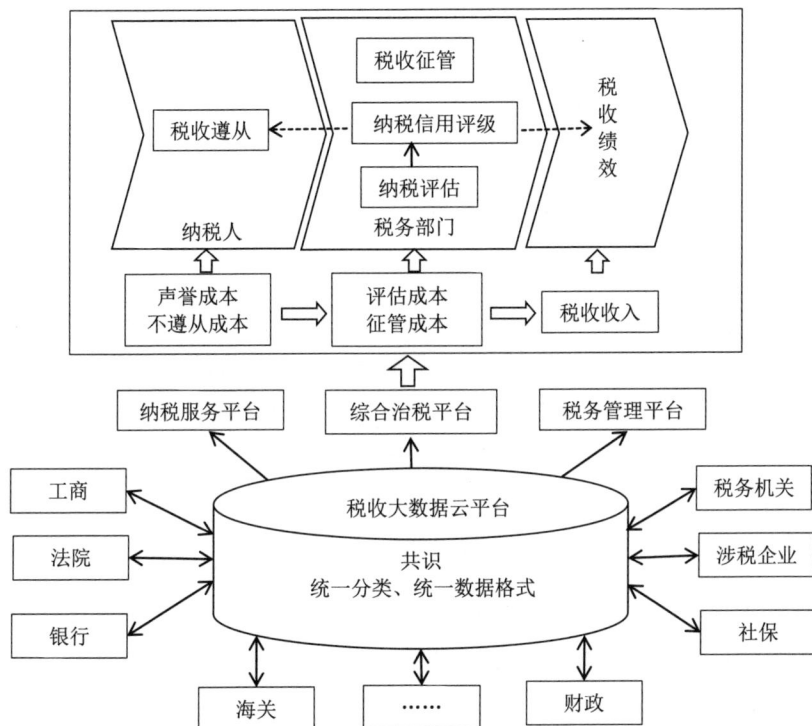

图 6-3 基于联盟链的税收大数据综合治税平台架构

第四节 建立基于区块链技术的纳税服务体系

纳税人不仅是纳税的主体，也是税务机关的服务对象。只有真正做到以人为本，切实改善税收征纳关系，为纳税人提供人性化的服务，才能更好地增强纳税人的纳税意识，自觉纳税守法。当前基于区块链技术建立科学高效的系统运作机制，推进纳税服务的信息化，加强与纳税人的沟通，充分了解纳税人的愿望与需求，为纳税人提供优质的纳税服务，创造良好的税收营商环境，能够培养纳税人良好的纳税意识，促使其积极主动申报纳税。

一、建立基于区块链技术的税收信用管理系统

纳税服务体系的现代化需要加快建立基于区块链技术的税收信用管理系统。该系统包括税收信用数据采集和处理、税收信用数据共享及应用几个层次。

在税收信用数据采集和处理上，利用区块链可追溯性、不可篡改性提高纳税人逃税的心理成本。在税收信用数据采集和处理上，企业上链后发生的交易记录和税收遵从情况都将不可更改并加盖时间戳，并通过智能合约规则的编写，自动进行信用评级，并且在失信企业信用恢复时自动更新企业信用等级，整个信用记录可以追溯查询但不可篡改。因此，只要链上企业有过不良信用记录，即使现在已经改正，也可在系统中追溯查询到，加大了纳税人由逃税所带来的担心企业不良纳税信用记录会给其信用、声誉等造成损失而焦虑不安的心理成本，促使其进行纳税遵从。

在税收信用数据共享和应用上，综合运用奖惩机制提高纳税人的损失厌恶度。行为财政理论对税收遵从的诠释表明，就税收遵从度的提高而言，奖励机制对于税收遵从度高的纳税人更有效；惩罚机制对于税收遵从度低的纳税人更有效。因此，在应用税收信用数据时，可以通过合理采用适当的惩罚机制并辅之以一定的激励机制，来提高税收遵从度。首先以联盟链的方式，把纳税信用和社会信用、融资信用、社会保险等部门关联起来，采用非对称加密技术，通过合理授权，使关联方在交易时既能保护企业商业秘密，又能实时查询对方信用情况，实现税收信用数据共享，加大纳税人在失信时担心纳入各种黑名单的心理成本；其次税务部门可在企业税收信用数据的基础上，把对纳税人的奖惩机制写入智能合约，通过智能合约自动执行对诚信纳税主体进行税收优惠、开放绿色通道等，对失信纳税人开展联合惩戒，加大纳税人的损失厌恶度，从而提升税收遵从度。

二、建立基于区块链技术的纳税服务相关业务流程

建立区块链电子发票联盟链，简化纳税人开票缴税流程，提高纳税人办税便利性和经营合规性。联盟链上的开票企业无需到税务局排队领取发票，只需将票种、税率、商品编码等顶层控制信息写入链上，并通过调用"链上税控合约"服务即可完成资格校验、发票控制信息校验、发票开具等操作。消费者可以在链上进行发票储存、流转、验真和报销，报销企业在链上获取授权报销人的发票信息，完成发票验真和报销入账等，实现电子发票在链上的开具、传输、承载、传递、查验、监管，以及报销入账等主要环节的服务和全生命周期的追溯。充分利用数字化技术为纳税人提供更便捷高效的发票服务，推动"以数控税"新理念的贯彻实施。

建立基于智能合约的许可区块链，优化企业间的信息交换业务流程，为纳税人提供更加便捷的信息查询、审计等服务。该许可区块链的写入访问应是分布式的，为企业、税务机关和审计人员都提供应用程序接口，链上所有企业都可以向区块链写入交易，并参与建立共识，审计人员也能够实时查询存储在区块链中的数据。税务机关通过发放增值税 ID 作为身份管理者，控制着对区块链的访问权。增值税 ID 只允许税务机关调用，存储着税务机关和企业的公钥以及企业各自的增值税识别号，如果身份的认证者不能被确认为税务机关，那么这项交易就不能达成共识，确保只有拥有有效增值税识别号的企业才能批准交易和发出请求。信息发送方和接收方的第一个智能合约中若有一方或两方身份无效，则不能执行第二个合约。第二个智能合约存储着发送方和接收方的有效身份以及所交易项目的列表和相应金额等信息，且信息发送方用接收方和税务机关的公钥对这些信息进行非对称加密，使具体信息的查看仅限于持有相应私钥的企业。这就确保了在纳税人信息安全的情况下为链上各参与方提供了便捷有效的信息查询、审计服务，让企业服务更合规。

三、创建基于区块链技术的税务交易数字系统

为防止传统税务系统因纳税程序复杂、缺乏监督等原因带来的税收欺诈、遵从成本高等问题，建立基于区块链技术的税务交易数字系统（见图 6-4），优化纳税业务流程，在加密货币的帮助下，保证纳税人与税务部门之间进行安全、快速的税务交易。在应用系统前要在分布式网络中开发用于交易的税币和包含计算各种税收的算法的智能合约，使用智能合约和共识算法建立税务交易的数字系统。用户通过执行智能合约来了解使用该系统他们需要支付的税额。系统使用权威证明的共识算法验证交易，以更少的资源消耗来确保更高的交易率。同时，为提高安全性，系统使用 SHA-256 进行哈希加密，使用椭圆曲线数字签名算法 ECDSA（Elliptic Curve Digital Signature Algorithm）制作数字签名。整个流程中交易实时进行，高度透明，多维度检查显著降低了出错、欺诈和伪造的风险。区块链系统下，纳税人时刻处于全网各方的监督之下，纳税人感知到的税务稽查率会提高，相应地逃税的心理成本也会加大，这就会促使纳税人提高税收遵从度。

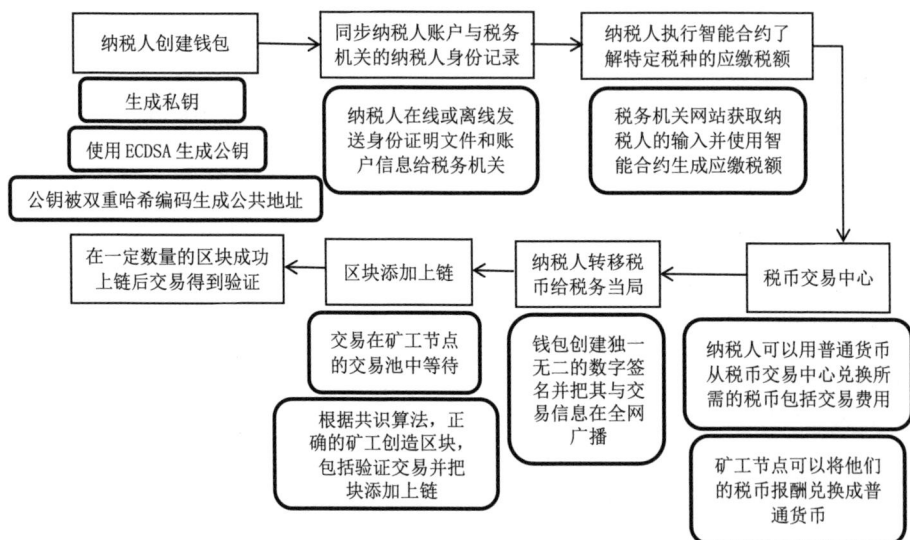

图 6-4　基于区块链技术的税务交易数字系统的总体工作流程图

（一）创建区块链钱包

基于区块链技术的税务交易的数字系统的建立，首先需要创建一个为用户存储和管理加密货币的数字软件系统，即区块链钱包。在钱包创建过程中，使用椭圆曲线数字签名算法 ECDSA 为特定私钥生成唯一的公钥，工作机制如图 6-5 所示。私钥必须保密，因为它用于证明钱包账户的所有权、兑现所收到的资金和创建数字签名。公钥是发送加密货币的地址，网络上每个人都知道，用于验证数字签名。用户的公钥和私钥都保存在数字钱包中，钱包分为热钱包和冷钱包两种，通常在线存储被称为"热钱包"，离线存储被称为"冷钱包"，系统使用热钱包来执行交易。系统基于非对称加密技术对数据进行加密和解密，每笔交易都需要用户使用自己的私钥对数字文件进行数字签名，且签名不能被伪造。如果签名者签名的文件上的单个字节被更改了，签名将不再有效，这就确保了数据的完整性。之后，文件接收方可使用发送方的公钥来验证签名。只有验证通过的交易，区块链网络才会承认。钱包软件使日常交易变得简单、方便、安全。

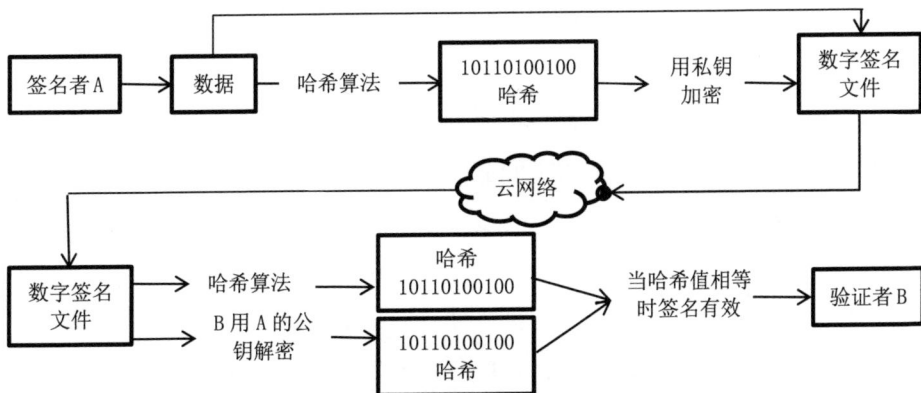

图 6-5　ECDSA 工作机制

出于加密目的，公钥使用哈希算法进行哈希加密，并在其他加密算法（如 RIPEMD160、[①]Base58Check 等）的帮助下转换为公共地址。通常，加密

---

① RIPEMD160（RACE Integrity Primitives Evaluation Message Digest）即 RACE 原始完整性校验消息摘要，输出 160 位的哈希值，计算强度大大提高。

哈希函数是一种将任意长度的输入转换为固定长度的输出的不可逆的单向密码体制（见图 6-6）。输出值是一个长度固定的加密文本，又叫散列。系统使用 SHA-256 算法，接受任何最大长度小于 2^64 位的输入，生成一个由 64 个十六进制数字表示的 256 位固定长度的散列值。SHA-256 哈希函数具有不可预测性，如果输入稍作改变，就会随机生成一个唯一的输出值，并且是一种只有加密过程没有解密过程的单向密码体制，即从明文到密文是不可逆映射的。因为对于输入的任何微妙变化，输出都是唯一的。

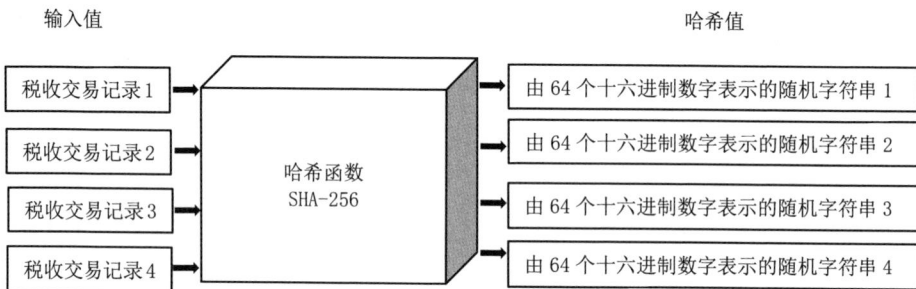

图 6-6　哈希函数

（二）同步纳税人账户

在纳税人纳税之前，正确地同步纳税人身份是很重要的。因此，系统为确保纳税人的身份与税务当局的身份记录保持一致，需要纳税人将其身份证明文件连同账户资料在线上或线下发送给税务机关。

（三）发生交易生成区块

为确保税务操作的安全性，区块链系统的点对点网络共同维护一个单一的数据账本。当发生一笔应税交易时，节点将该交易上传到网络上广播至所有节点，所有网络节点的分类账数据都会被更新，这些在网络上广播的交易由矿工进行验证，共识算法确保节点之间达成一致来确认块的矿工，经过验证的交易被打包成数据块，这些数据块会串在一起形成一个连续的区块链，并且每个块的矿工节点会获得奖励（块奖励＋交易费用）。系统在实践操作中采用权威证明 PoA（Proof of Authority）共识算法来选择一些区块链节点，赋予它们验证和添加新的交易区块的权力。当被选定的网络节点的大多数同意时或者在作为区块生成器的节点验证后，新的数据块才允许上链。现实中在节点彼此互不了解并且对彼此的有效性存在信任问题的情况下，适合采用 PoA 共识算法，且该算法的计算能力和电力成本也非常低。

在实际的纳税交易发生后，交易记录会被打包成一个个数据区块，在经过网络节点验证后即可添加上税务链。每个区块由块头和块体组成，一般区块头包括的因素如下：前区块哈希值、梅克尔根、随机数、时间戳、挖矿目标难度、版本号。除起始块外，区块链中的每一区块都包含前一区块的加密哈希值，这就使得从创世块到当前块形成了一条块链，各个区块依据生成时间先后依次排序跟随在前一区块之后（结构如图 6-7 所示），这也形成了区块链的不可篡改性，因为块中一个字节改变会使其后面的块链失效，保证了税收信息的真实可靠。梅克尔根是区块中所有交易的总摘要，由数据区所有交易的加密哈希值被依次哈希所得。随机数用于计算块的哈希值。矿工节点通过交替使用随机数和随机调整数来达到目标哈希值以生成候选块。[1] 系统使用时间戳字段记录候选块的时间。时间戳是断定这一区块与下一区块的继承关系的时间标签，每笔交易在区块中的记录自动按时间先后排列，在交易上设置的时间戳使每笔交易获得了唯一性，而且交易本身也可以在区块上精确定位和追溯其发生位置，便于进行税收稽查。"挖矿目标难度"表示挖掘一个块到区块链中所需的计算能力。在一个给定的时间内计算出符合给定目标的哈希值（也即达到目标难度）之后，块就变成了候选块，如果有效的话就会附加到分类账上。区块体中主要是数据区和其他信息。数据区包含着该区块的所有交易数据。其他信息包括代码、交易状态、智能合同、版本以及运行特定协议所需的数据等。区块链技术的使用能够确保纳税交易结算更安全、更快捷、匿名且不可篡改。

---

① 每个基于币的节点都会把收集到的尚未确认的交易放到一个数据块中，并与上一个数据块集成在一起，矿工节点会附加一个随机调整数并计算前一数据块的哈希值，一直尝试，直到找到的随机调整数使得生成的哈希值低于某个特定的目标为止。

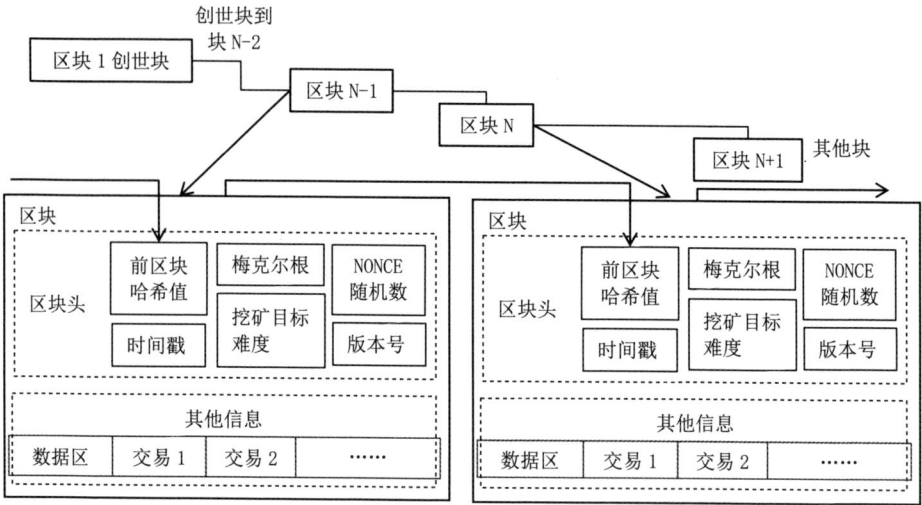

图 6-7　区块和区块链结构图

（四）执行智能合约计算应纳税额

　　智能合同类似于交易中的第三方（如经纪人），确保了各方之间的信任。不管交易双方是否信任对方，但双方都需要信任智能合同。在同步纳税人身份之后，系统中智能合同会核查征税的预设条件，满足预定条件则执行智能合同计算到期税额。计算到期税额的预定条件，在不同税种，不同国家之间都会有所不同。根据预先确定的一系列条件，不同纳税人会有不同的税额。以个人所得税的支付为例，纳税人的账户状态由各种变量表示，如收入、性别、年龄等，这些变量需要纳税人输入，智能合同在核查了与纳税人账户状况相匹配的条件之后确定应缴税额。并且整个过程由网络中的所有节点监控，因此税额在确定之后再改变几乎是不可能的。当所有条件都满足并得到验证时，网络会在其活跃节点的帮助下执行操作。智能合同的更新也很简单，用户只需从旧合同中提取所有以前的信息，然后输入到新合同中。但之后用户必须更新合同的地址，以便其他用户可以看到更新后的合同。

（五）税币交易流程

系统的运行需要引入基于区块链的货币——税币，税币要由国家管理当局控制，比如国家税务总局。负责税币管理的部门，要建立税币交易中心，纳税人、税务当局和矿工节点都可以在税币交易中心用税币交换普通货币。税币交易中心的数量将依据该地区人口而定。纳税人需要创建一个存储他们私钥和公钥的钱包，其中公钥是纳税人账户的公共地址，纳税人账户的公共地址必须与税务部门分类账中的纳税人国民身份记录相一致。税务当局依据税收类型设定某些税种的智能合约。纳税人通过执行区块链中的智能合约计算相应年度的应缴税额，然后依据应缴税额去税币交易中心兑换缴税所需的税币到自己的钱包，再从钱包中将税币转移到税务机关节点（如图6-8所示）。因此，区块链上税务机关节点作为交易的接受方，纳税人节点作为交易的发送方，且交易带有时间戳，数据不可变，税务当局也能精准、透明地追溯了解已纳税数额，并识别系统中的腐败活动。

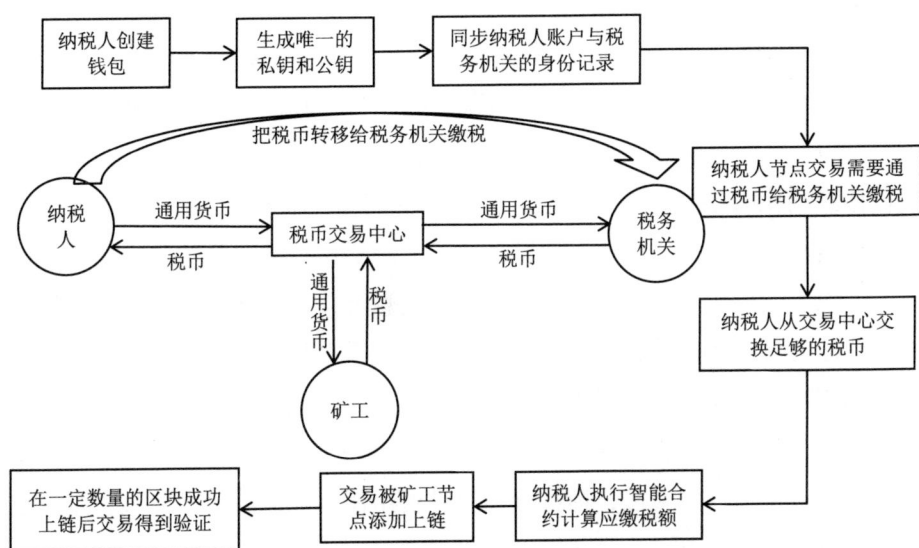

图6-8　税币交易流程

此外，由于交易由网络中的矿工节点添加，矿工因验证并添加新的交易区块上链而赚取的税币奖励也可以在税币交易中心兑换为通用货币。系统采用权威证明（PoA）机制来选择验证和添加新的交易区块的矿工节点，以确保矿工的身份，并保留矿工身份的数字文件，如果存在恶意节点的矿工，网络都会检测到，那么恶意节点的矿工赚取的奖励将是不可兑现的，并且当该矿工添加新的块时，也不会再有块奖励。矿工的激励完全基于交易费用，只有在添加一定数量的区块后，矿工才有资格获得奖励的兑现，在从交易中心兑换矿工奖励时，系统会先对矿工的身份进行交叉核对，确认无误后才予以兑现。

（六）算法分析和执行

系统运行的第一步是将纳税信息上传到服务器。算法 1 用于上传必要的信息，运作流程见图 6-9。纳税人使用算法 1 上传他们的数据，连接到区块链网络。纳税人需先输入自己的姓名、性别、年龄、纳税类型、税额、应纳税工资等数据，"While 循环"将确保在进入下一步操作之前获取所有这些属性。在成功上传所有数据后，会显示一条消息"数据已经成功上传"。算法 2 运作流程（见图 6-9）用于执行智能合约，以了解特定纳税人的应缴税额。如果纳税人的信息符合智能合约的预定条件，算法将计算税额并显示税额，否则，算法将显示"不适用纳税"的信息。运行中最重要的步骤是把税币转移到纳税人的钱包里。算法 3（见图 6-9）将纳税人的钱包与税务机关的钱包连接起来。税务机关根据其对纳税人的身份记录验证纳税人信息。此外，纳税人需要输入税币总额。如果所有信息都得到确认，特定数额的税币将从税务机关的钱包转移到纳税人的钱包。税币总额由税收总额决定。纳税人先把相当于应缴税额的通用货币交给税务机关，然后税务机关才会转移税币，否则，将显示"信息不匹配"的信息。算法 4（见图 6-9）用于计算交易所需的费用消耗总金额，即税额加交易费用额。如果纳税人的钱包余额足够，税额将以税币转移，并显示"交易成功"的信息，同时生成付款收据，否则，将显示"余额不足"的信息。

算法 1：纳税人上传纳税信息

判定合约是否获取所有纳税信息

是 ← → 否

显示数据已经成功上传   提示重新输入纳税信息

算法 2：执行智能合约

判定纳税信息是否符合智能合约预定条件

是 ← → 否

计算税额并显示税额   显示"不适用纳税"

算法 3：转移纳税人所需税币

验证纳税人的纳税信息

是 ← → 否

税币转移到纳税人钱包   显示"信息不匹配"

算法 4：判定纳税人的钱包税币是否足够缴税

是 ← → 否

以税币缴税，显示"交易成功"   显示"余额不足"

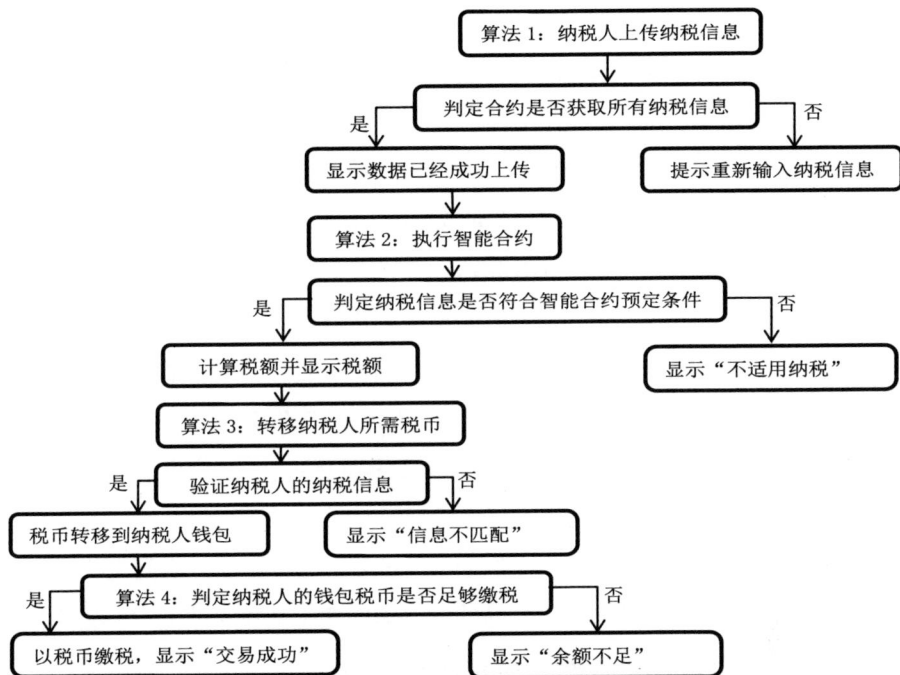

图 6-9　算法 1、算法 2、算法 3、算法 4 的运作流程

第五节　加强国际区块链技术合作，完善国际税收体系

国际税收合作的最终目的在于提升税收征管胜任能力，并将征管胜任能力转化为实实在在的税收收入。数字经济的发展必然会催生跨境在线交易和平台经济的繁荣。由于在一国无实体存在的跨境网上交易实现的收入通常不受该国立法的管辖，并且企业可以使用转移定价来减少他们的税务负担，造成税基侵蚀和利润转移。因此，数字经济时代，国际税收治理合作中税收征管胜任能力的提升还需要在技术上加强互助协同。税务部门要加强国际区块链技术合作，利用区块链技术具有公开、透明、可追溯等特点，健全税收信息交换机制，与各国建立横向的数据共享机制，达成对数字资产监管的全球的、广泛的共识，并基于此共识搭建情报交换、征管互助、信息共享、打击犯罪等基本的合作机制，加强各国税收征管机构之间的合作，提升税收征管胜任能力，防范涉税风险。

一、建立基于区块链技术的业务流程打击跨国税收欺诈

未来，我国可以在坚持按照本国规则和程序来管理及控制税收数据库内数据的前提下，建立基于区块链的数字发票海关交换系统（Digital Invoice Customs Exchange System 简称 DICES），来解决跨境税收欺诈问题。DICES 通过加密和共享公共访问密钥在保证数据安全的情况下，简化了准许外部访问交易数据的过程和程序，使得交易双方及各自的税务管理当局，能够在交易执行前自动实时共享交易数据。图 6-10 总结了 DICES 中的数据流，图中箭头方向代表文件传输方向，A 国的税务当局有了 B 国的秘钥可以防止本国的卖方骗税，B 国的税务当局有了 A 国的秘钥可以防止本国的买方逃税。XML 文件被发送到 A 国和 B 国各自的数据中心，访问密钥在所有授权方之间交换。链上的每个国家都可以直接访问与之交易的另一国的相关纳税人数据，且访问权限将仅限于纳税人和与国内纳税人相关的跨境交易。在正式开具增值税发票之前，DICES 保证了 A 国的"卖方"、B 国的"买方"、A 国的税务管理部门、B 国的税务管理部门完全了解交易情况，还有时间进行风险分析，且整个过程用时极短。税务部门可以借助人工智能进行风险评估，对可疑交易、高风险交易及时延迟或阻止。DICES 解决了跨链技术和地区利益之间的矛盾，在保护国家利益和安全的情况下，通过跨链技术加强了国际合作。

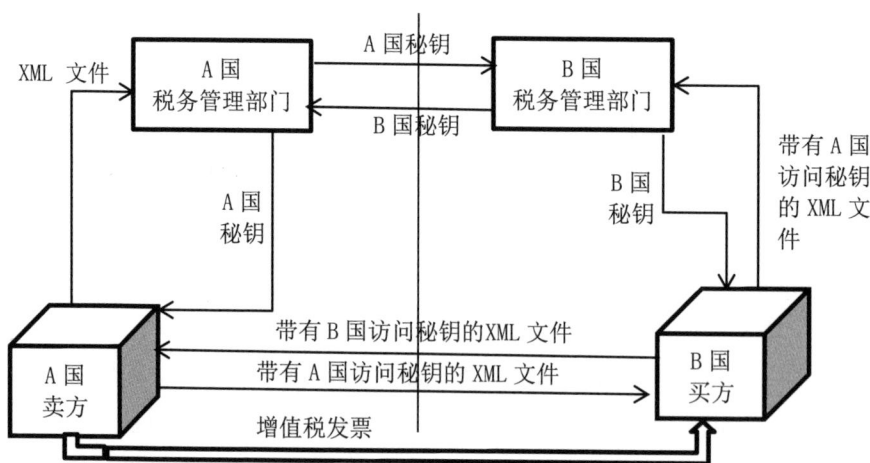

图 6-10　基于区块链的数字发票海关交换系统

二、建立基于区块链技术的转移定价机制减少国际避税

数字经济时代纳税人的变相转移避税行为，已成为税务机关的反避税难点和社会关注的焦点。健全的涉税信息传递交流机制能够使税务机关充分掌握本国税收居民的海外金融资产及相关收益情况，因而对解决转移定价机制所带来的国际资产转移等国际逃避税问题具有重要作用。未来可以利用区块链可追溯不可篡改、自动执行、分布式网络数据实时更新、高度透明的特点在各国税务部门和各交易方之间建立跨境跨链的区块链网络，减少由转移定价导致的国际避税行为。在关联方之间发生跨境交易时，系统中所有节点同时对交易信息进行记录并验证，并加盖时间戳，各国税务部门能够及时精准地了解交易内容并确定跨境交易的价值创造地、价值转移地、交易时间等详情，并且整个流程高度透明，任何具有访问权限的参与方都可以看到交易的信息流。然后根据交易的价值创造地和价值转移地通过人工智能自动分析出正常交易价格，并判断该关联方之间的跨境交易是否符合正常交易价格，是否具有合理商业目的和经济实质。付款协议被写入自动执行的智能合同，在关联方之间的跨境交易符合正常交易价格时，付款由智能合约自动执行，否则将被认定为异常交易并提醒税务当局。在这样区块链技术下，转移定价交易处于各国税务部门的实时监控之下，跨国公司通过转移定价实现避税的策略将越来越难以操作，与传统转移定价机制的比较如表6-2所示。

表 6-2　传统转移定价机制与基于区块链的转移定价机制的对比

传统的转移定价	基于区块链的转移定价
严重依赖于公司内部的文档和通信来定义各关联方的身份	区块链分布式分类账便于跟踪交易流程和所有关联方的身份
手动执行公司内部协议	协议被写入自我执行的智能合约中
伪造交易文件的风险高	区块链上的所有活动都有时间戳并加密封存，消除了篡改的可能性
整个系统严重依赖于纸质文档和数据来跟踪供应链	交易信息存储在区块链上，任何具有访问权限的参与方都可以看到交易的信息流
基于 ERP 对付款进行跟踪	如果符合规定的条件，付款由智能合约执行

运用区块链技术贯彻落实强制披露规则。多国经验表明，BEPS 行动计划中的强制性披露规则在打击恶意或高风险避税方面发挥着非常重要的作用。区块链技术的应用为强制披露规则在实践中的有效落实提供了技术支撑。一是区块链系统高度透明的交易流程如果发现纳税人具有"恶意"或"高风险"避税安排的某些特征，强制披露义务便会被触发，并运行智能合约自动披露相关的避税安排信息，使强制披露规则变成自动披露，这不仅会对纳税人产生强大的威慑作用，还会压缩专业机构提供避税筹划的空间。二是运用区块链系统的非对称加密技术将转让定价文档和国别报告在分布式网络中相关各国税务机关之间共享，实时查看，没有时间延误，且不能被伪造篡改，确保税务机关尽早获取与潜在恶意或高风险避税方案相关的信息，以提高其反避税能力。三是区块链对企业交易信息的实时记录，能够使各国税务机关通过对企业交易日志的访问，审查和核实转让定价文档和国别报告内容的真实性，同时本国税收制度中的漏洞还能够被税务机关和立法部门及时发现，并采取针对性措施予以弥补。相较于常规手段如纳税人自主申报、税务审计等，基于区块链技术的强制披露规则能够实时获取相关信息，也能积极推动共同申报准则（CRS）[1] 的逐步实施，为反避税管理提供数据支撑，提升税务机关反避税应对的时效性与准确性。

总之，区块链技术特性有助于提升跨境转移定价情报交换的透明度和信任度，帮助跨国公司为多个税务机关提供一致的数据集，并验证具有全球业务的企业在不同司法管辖区的利润，解决转移定价导致的国际避税问题。利用区块链特殊的块链结构，使得交易信息一旦记录上链，任何人不能篡改，但可追溯查看整个交易流程，确保链上数据的安全性，透明且不可更改的交易记录在政府和纳税人之间实时共享，提高数据透明度和可用性，解决信息不对称问题，也使各参与方之间建立信任。在跨境交易中，高度透明的交易流程，使 BEPS 行动计划中的强制披露规则变成自动披露，并得到真正落实，提高税收透明度并减轻纳税人的负担。同时企业的转让定价文档和国别报告

---

① CRS 是推动国与国（地区）之间税务居民涉税账户信息交换机制，概念来自美国为防止美国纳税人逃避税务而实行的海外账户税收遵从法（FATCA），已有 100 多个国家或地区加入，我国 2018 年开始自动交换 CRS 下的金融账户涉税信息。

在线提交，没有时间延误，且不能被伪造篡改，降低识别转移定价的复杂度。此外，相关国家税务机关还可以通过查看不可更改的交易日志精简对国别报告内容的审查与核实，从而大大降低跨国企业的税务合规成本。利用分布式共识机制，使各国税务部门能够相互信任，通力合作，也减少了双边国际税收争议。智能合同在交易符合预定条件时自动执行。区块链技术的应用能够确保企业的转移定价依法合规运行，减少国际避税和跨境税收欺诈行为。

第六节　利用区块链技术建立高效专业的税收组织体系

高效专业的税收组织体系是高质量推进新发展阶段税收治理现代化的保障。没有高质量的人才队伍，就没有高质量的税收现代化。当前一方面要加强区块链技术相关的税收人才队伍建设，培养一批高水平的"区块链＋税务"复合型创新人才，为应对各类风险挑战和高质量推进新时代税收现代化提供智力支撑；另一方面要利用区块链技术助推税收组织结构的扁平化，从而为构建基于区块链技术的数字税收生态系统提供组织环境。

一、加快"区块链＋税务"的复合型人才培养

当前随着区块链技术在税收领域应用的逐步推进，税务部门对于"区块链＋税务"的复合型人才的需求越来越大。因此，为满足税收改革发展的需要，要加快"区块链＋税务"的复合型人才培养。首先，税收机关要从其现实需求出发全面提高税务系统内现有人才的综合素质与能力。对现有税务系统内人员要加强区块链等信息技术知识和技能的培训，使其更深入地掌握区块链系统原理、了解相关知识，保证税务人员可以进行财税管理平台的操作。税务部门可邀请区块链领域的专业人士定期对税务人员进行区块链技术知识相关的信息技术培训，同时也要积极参加国内外有关区块链技术的研讨与合作，提高现有税务人员的专业素质和技能素质。其次，对外引入"区块链＋税务"的专家，特别注重开发高层次的税收战略人才、领军人才、专业骨干和岗位能手，打造高素质的税收人才队伍。税务部门对人才引进的模式和渠道应进

一步完善和规范，对于区块链等信息技术人才的引进要更注重其专业能力而非行政能力，注重开发培养一批信息技术领域的税务领军人才和专业骨干，在重点保障高层次人才队伍的基础上，要统筹兼顾，不断引进会计、税务、法律、计算机、心理学等领域急需的专业人才，全面促进各层次、各类人才的开发和利用，以满足税收治理各层面的需要。最后，依靠国家实施"区块链＋税务"的复合型人才培养计划，注重挖掘懂模型开发及税务管理的跨学科人才。在国家层面，大力鼓励各大高校、研究所开设区块链技术的相关课程，并实施理论与实践相结合的双元教育模式，加强实践能力培训，培养一批实践能力强、岗位融入快的区块链技术专业人才。

二、利用区块链技术助推税收组织机构的扁平化

税收组织机构是税收职能发挥的重要载体，并与税收职能配置相互关联。数字经济背景下，区块链等技术的发展使税务机关获取和处理涉税信息的能力与方式以及税收管理业务流程和税收职能配置等发生了根本改变，并且这些方面的改变也会促使税收组织机构设置发生与之相匹配的相应变革。税收组织机构的设置通常受多种因素的影响，当前以区块链技术为代表的新一代信息技术已成为影响税收组织机构的重要技术基础。因此，税务部门可用区块链技术推动税收组织机构设置的扁平化，变革业务管理，持续提升税收管理的绩效。

首先，运用区块链技术去中心的分布式网络连接同一层级税务机关的不同部门，保证信息传输的安全性和准确性，通过面向流程的不同职能部门之间的水平沟通和并行工作，实现各部门间的信息共享、征管协作、服务协同，在此基础上，逐步实现在横向层级上按照税收管理职能和纳税人类型及需求设置税务内设机构，以简化业务部门机构设置（如图6-11所示）。在跨部门整合配置税务内设机构的基础上，可在更高层次的全国范围内设立跨行政区域的大区总部（区块链底层架构如图6-12所示），税收组织机构的跨区域整合重组能够在空间上优化和整合征管资源配置，推动税收组织机构的更加专业化，进而促进税收业务管理的专业化。

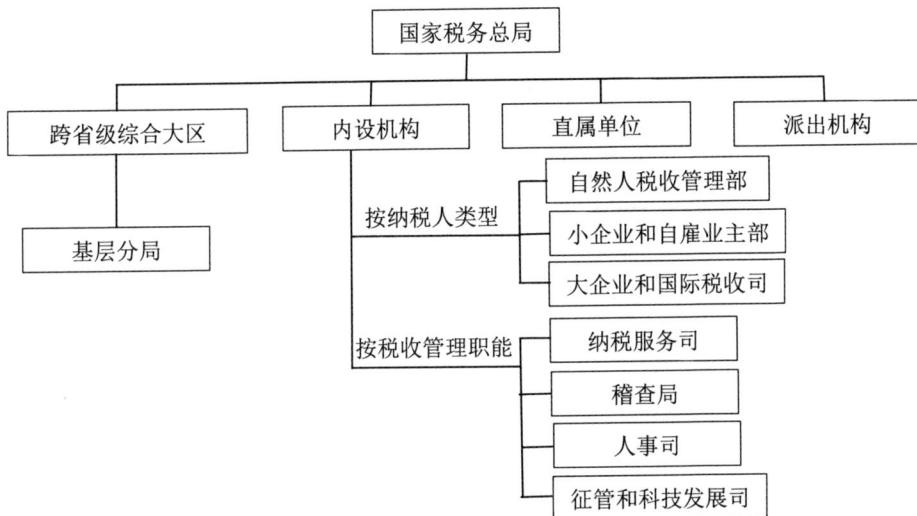

图 6-11　基于区块链的跨区域、跨部门的税收组织机构体系

其次，充分利用区块链技术分布式数据库创建的全国统一的信息共享平台带来的信息规模化汇集、可信使用及中间环节减少的优势，通过信息传输层级的减少来缩短上级决策部门与基层执行部门和纳税人之间的距离，进而在纵向层级上减少税务系统的中间管理层次，调整和压缩税务组织机构设置，推动税务管理机构向扁平化发展。上级税务机关凭借大数据资源优势进行分析决策后，基层部门可通过区块链信息处理流程快速获得上级决策指示，并相应采取应对措施，从而大大压缩中间管理层级。税务管理人员的配备以基于区块链技术的业务管理流程为依据，通过信息管理流程的扁平化推动组织机构设置的扁平化，以替代不同层级之间的垂直沟通和串行工作方式，打破现有一级政府一级税务机构的设置模式，撤销一些原来按照行政区划相应设立的行政区局，如可以撤销市级税务部门，实行省级税务局直管区县级税务局等方式，推动整个税务组织结构网络布局的扁平化（见图 6-12）。

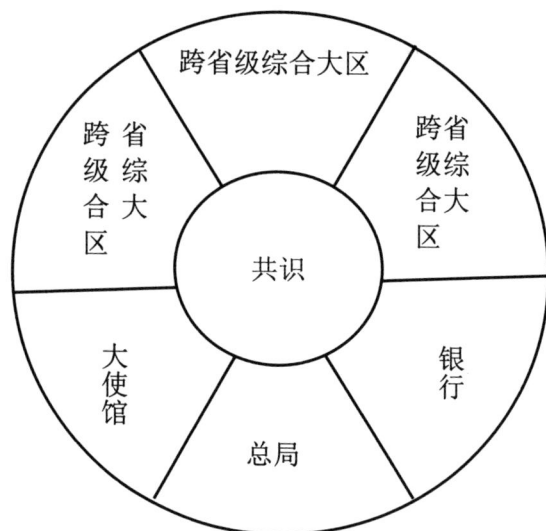

图 6-12　全国统筹的跨区域、跨部门的税收组织机构体系的区块链底层架构

三、利用区块链技术建立科学高效的税务人员管理机制

税务系统的管理职能不仅包括对税收业务工作的管理，也包括对税务系统内部人员的管理。并且科学合理的人才管理机制是进行税收业务管理的前提和基础。

根据区块链底层数据库提供的实时数据支持，科学构建岗责体系、自动分配任务，解决税务系统内各部门忙闲不均的问题。在税务系统内部各部门间建立联盟链，通过权限分配明确各节点的职责边界，特定职责由特定部门负责执行，如制度设计和统筹推进由征管和科技发展部门负责，底层数据支持由信息中心负责提供，风险管理数字化由风控部门负责，组织结构优化和人力资源调配等职责由人事部门负责，各部门协同联动相互配合地开展工作。然后基于区块链智能合约的自动触发，形成环环相扣的业务流程。在明确划分岗责和合理分配任务的基础上，对税务人员工作绩效进行科学考评。

科学有效的绩效考评机制能够对税务工作人员的行为起到引导和规范的作用。因此，基于区块链技术构建税务人员绩效考评机制能够把税务人员的积极性、创造性充分调动起来，从而打造一支能够应对新时期税收工作中的各种挑战的高效、专业的税收团队。借助区块链技术能够实现奖惩手段的多样化，把对税务人员的奖惩机制写入智能合约并通过自动执行机制提升奖惩机制的执行力。首先税务工作人员的行为在区块链分布式账本上自动留痕、公开透明，然后由智能合约实时自动进行绩效考评，最后根据考评结果中税务人员的工作质效，系统自动确认相应的薪酬和奖金层级或触发相应的惩戒措施。对表现优秀的税务人员在传统薪酬、奖金激励的基础上增加培训激励、休假激励、晋升激励、公开表彰等多种激励方式。在注重物质激励的同时，突出精神激励，让税务人员获得精神上的尊重和自我价值实现的满足感，提升激励机制作用。同时对考核不及格的人员进行惩戒。通过一体化高效监督考评，在整体上提高税务系统内部人员的决策力和执行力。

综上，税务部门基于区块链技术建立与“数字化转型”相适应的复合型人才队伍体系、税收组织机构体系、税务人员管理体系，实现征管资源与人力资源合理配置，为税收治理现代化提供了坚实的组织保障。

最后，将税收治理各大体系有机整合起来，构建基于区块链技术的智慧税务生态系统。税收治理现代化是一项系统工程，技术和政策是税收治理现代化的两翼，技术变革是税收治理现代化发展的动力之源，完善的税收政策法规是税收治理现代化发展的基本保障。税收治理的高级阶段是形成一种多主体协调共治的治理生态、制度集簇和治理秩序，即智慧税务。因此，在总结国外区块链技术在税收治理中的应用经验并运用区块链技术对税收法治体系、税收征管体系、税收服务体系、国际税收体系、税收人才和组织体系等各单个方面挖掘潜在的应用模式的基础上，区块链税务应用的不断深入需要依托税收治理现代化的系统规划和设计，将视野放宽到包括更多涉税主体的整个税收治理体系，加速形成区块链税收治理的网络效应，形成一个动态平衡、开放共享的基于区块链等现代信息技术的智慧税务生态系统（见图6-13）。

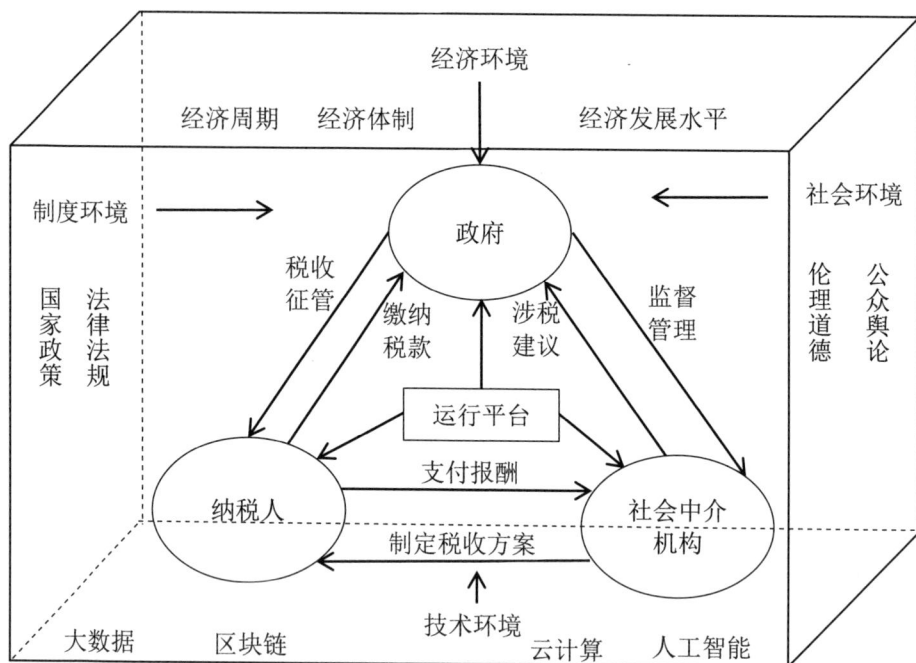

图 6-13 智慧税务生态系统

　　智慧税务生态系统（见图 6-13）的核心是政府、纳税人和社会中介机构等各参与主体构建的协同共治的联盟链。政府、纳税人和社会中介机构均作为联盟链的节点，分别创建前述基于区块链技术的税收征管平台、纳税服务平台、信息公开平台、社会服务平台等各种运行平台，并通过联盟链连接起来，在技术、制度、社会、经济、组织等各种生态环境中运行，在整体上形成将税收治理各大体系有机整合起来的智慧税务生态系统。系统中各参与主体之间的信息实现开放共享，同时各参与主体之间以及与技术、组织等生态环境相互作用、不断演变，从而维持一种动态平衡关系。区块链等信息技术为各参与方共用平台，共享数据提供了技术支撑，是驱动税收治理融合共治的原动力。"区块链＋税务"的复合型人才及扁平化的组织结构为系统运行提供组织保障。国家政策、法律法规等制度环境为智慧税务生态系统的运行指引方向。伦理道德、公众舆论等社会环境主要从心理上对各参与主体形成内在软约束，促使各参与主体自觉规范其行为。实践中系统可利用各种环境因素做出适应性调整，形成功能强大的智慧税务，全面提升税收治理的现代化水平。

第七节　本章小结

国外政府对区块链技术的积极尝试和成功应用，为推进区块链技术在我国税收治理中的应用提供了经验借鉴。本章首先总结了国外应用区块链技术提升税收治理现代化的经验。以美国、欧盟、英国等为代表的国外政府主要从税收法治、税收征管、纳税服务等方面探索了区块链技术在税收治理领域的应用。采取的比较有借鉴意义的做法有：一是加强税收法治化建设，依法保护纳税人权益。如出台数据保护相关法律法规，平衡区块链税收监管和纳税人隐私保护。根据本国实际出台加密货币税收政策法规，提高纳税人感知到的税收稽查率；二是运用区块链技术加强税收征管体系建设，推进税收治理信息化。如欧盟设计构建了基于区块链技术的增值税跨境征管系统，美国设计构建了基于区块链技术的工薪税征管系统；三是完善税收服务体系，推进税收治理社会化。如欧盟运用区块链技术为欧盟所有公民设立数字身份，实现包括纳税服务在内的所有公共服务的数字化，并进而搭建一个区块链社会。

其次，探索了区块链技术在税收治理的五大体系（税收法治体系、税收征管体系、税收服务体系、国际税收体系、税收人才和组织体系）的各单个方面的潜在应用模式。在税收法治体系中应用区块链技术：一要完善区块链相关税收法律法规，确保税链运行有法可依；二要在纳税人的各项活动皆有法可依的基础上，通过多样化的惩罚方式加大对偷逃税等税收违法行为的惩罚力度，增强税法威慑性。并建立基于区块链技术的税务执法机制，增强执法规范性；三要借助区块链实现税收法治的公平公正，增强社会信任感。在税收征管中可应用区块链技术改进现有税收征管系统、构建合作型征纳关系、创建涉税信息共享协调机制。如研究设计区块链技术在增值税、所得税等具体税种征管中的应用场景和架构方式，建立基于区块链技术的增值税信息交换系统和税款征收系统、所得税管理系统；通过建立面向纳税人的"区块链＋纳税服务"涉税信息共享平台、面向税务部门的"区块链＋税务管理"平台、面向社会的"区块链＋综合治税"平台，实现智慧税务生态系统各参与主体之间的信息开放共享。在税收服务中可应用区块链技术完善税收信用管理系统及纳税服务相关业务流程，创建基于区块链技术的税务交易数字系统，从而建立基于区块链技术的税收服务体系。在国际税收中可应用区块链技术建立基于区块链技术的数字发票海关交换系统及转移定价机制，打击跨国税收欺诈和国际避税行为。在税收人才和组织管理中可应用区块链技术助推税收组织结构的扁平化和人员管理的高效化中，同时要加快"区块链＋税务"的复合型人才培养。

最后，将税收治理各大体系有机整合起来，在整个税收治理体系中综合运用区块链技术构建动态平衡、开放共享的智慧税务生态系统，促进区块链技术和税收治理的融合发展，推动我国税收治理的现代化。

第七章　结语

随着新一轮科技革命和产业变革的加速推进，区块链等新一代信息技术在实体经济和数字经济中的应用加速突破，在赋能实体经济、支撑数字经济、提升治理能力等方面的潜力和价值巨大。同时在以跨境跨区域即时交易、多业态融合、信息不对称、边际成本低、无形资产占比较高、市场主体自然人程度较高、劳动关系从雇佣转向合作等为特征的数字经济背景下，税收治理也面临诸多挑战，迫切需要借助新的技术手段来适应经济社会环境的深刻变革，提升税收治理的现代化水平。但在运用新技术对现有税收系统进行升级改造时，不能单纯地为了应用新技术而应用，而应对现阶段的征管需求、系统状况以及新技术应用的可行性进行综合考虑，然后决定是否应用，以及应用的范围和路径。

因此，本书在前人研究的基础上，立足行为财政视角对运用区块链技术提升我国税收治理的现代化进行了研究。通过研究分析得出应用区块链技术提升税收治理的现代化水平是必然的发展趋势，运用区块链技术能够更好地服务纳税人，更好地改善征管条件，更好地防范化解税收风险，提升税收治理的现代化水平，从而更好地服务国家治理。

第一节　主要研究结论

本书通过分析探讨行为财政视角下区块链技术与税收治理的逻辑关系、揭示区块链技术在税收治理中的应用现状及经济影响和问题、预测未来应用前景及局限性、提出相关对策等几方面内容总结得出以下结论。

第一，税收治理现代化主要指税收治理理念、治理方式、治理内容、治理环境等的现代化。税收治理体系和税收治理能力的现代化是税收治理现代化的核心。新时代税收治理体系主要包括税收法治体系、税收征管体系、税收服务体系、国际税收体系、税收人才和组织体系五大内容。税收治理的现代化主要在于如何借助新的技术手段来推动以上五大方面的现代化。

第二，区块链技术的智能合约能够降低税务交易成本，提高税收效率；区块链技术的公开透明性，能够解决税收领域的信息不对称问题；区块链技术的信任创造机制等特性能够对征纳双方行为选择产生影响。因此，交易成本理论、信息不对称理论、税收效率理论、行为财政理论成为应用区块链技术提升税收治理现代化的理论依据。

第三，数字经济背景下纳税人在损失厌恶、参照依赖和主观概率估计偏误等心理的影响下更容易产生利用数字技术偷逃税的行为。借助行为财政的税收遵从模型发现区块链技术的应用能够从心理和实践内外两个方面促使纳税人行为动机和行为选择的转变，使其在心理上不愿逃税，在实践中不敢逃税、不能逃税，提高税收治理的现代化水平。

第四，区块链技术的应用使税务部门的治税理念和工作重心发生转变。区块链技术的去中心化对等网络使税务部门的治税理念由单向强制向协商共治转变；区块链技术的信任创造机制使征管理念从"管"向"服"转变。区块链技术的公开透明和智能合约的自动执行使税务部门的工作重心由传统的征管和稽查转向为纳税人提供更加便捷的税收服务、维护涉税信息系统的安全、保护纳税人隐私安全等方面。

第五，区块链技术下征纳双方互动行为模型均衡时影响征纳双方决策的因素主要包括税收处罚力度、法律完备性、心理成本、税收稽查成本、信任、税收人才和组织的整体素质等方面。区块链技术的应用会通过加大对纳税人逃税的惩罚力度、增强税法对偷逃税行为的威慑性、提高纳税人逃税心理成本及纳税人感知到的税收稽查率、降低税收稽查成本、增强征纳双方的信任感、优化税收组织结构等来提升税收治理效能。有限理性条件下征纳双方互动模型表明，提高纳税人的损失厌恶度、逃税心理成本及纳税人感知到的税收稽查率，加大对纳税人逃税的惩罚力度，降低税率，都会使纳税遵从度提高。

第六，截至2024年区块链技术在我国税收治理的应用中初见成效但仍处于试点阶段。区块链电子发票是国内区块链技术最早落地的应用，以发票电子化改革为突破口，区块链技术在电子发票管理、税务信息化建设、改善税收营商环境等方面应用效果显著，但应用地区仅限于深圳、北京、武汉、云南等部分地区，尚未在全国推广，上链业务也相对有限，主要有发票管理、不动产办税、出口退税等业务。

第七，截至2024年区块链技术在税收治理的应用中主要存在以下问题：区块链技术的应用缺乏法律保障，降低了税法对偷逃税行为的威慑性；区块链电子发票尚未全面推开，降低了纳税人感知到的税收稽查率；区块链业务流程缺乏国家监管，降低了纳税人偷逃税的心理成本；基于区块链的跨国涉税数据交流和共享机制尚未建立，增加了跨国税收稽查成本；"区块链＋税务"的复合型人才缺乏，降低了纳税人对税务部门的信任感等。

第八，通过构建基于增值税系统的伯特兰德博弈模型，并对模型进行分析并代入算例解析，得出区块链技术应用对税收治理相关实体的经济影响。模型的研究结论得出区块链技术应用对增值税系统内的供应商、零售商、税务机关的经济影响及供应商、零售商、税务机关各方实现利润最大化下的决策。对供应商而言，区块链技术的应用能够减少供应商的骗税行为，提高供应商逃税骗税的心理成本。而供应商是否进入区块链系统的影响因素取决于该供应商类型、其对其他供应商类型和策略的猜测、采用区块链技术的成本，以及所有这些因素最终如何影响其净利润。对零售商而言，区块链技术的应用能够提高零售商增值税的抵扣彻底性，并增强供应商和零售商之间的信任度。零售商实现利润最大化下的区块链技术采用决策的影响因素包括区块链技术的应用成本、购买价格的变化、从增值税节税中获得的好处以及对供应商将如何回应区块链采用决策和激励的猜测。对税务机关而言，区块链技术的应用能够降低税收稽查成本，增加税务机关的税收收入，提高社会整体福利。

第九，基于税收治理体系内涵的五大方面，以及行为财政中区块链技术下征纳双方互动行为模型均衡时影响征纳双方决策的六大因素可知，区块链技术以其去中心、去信任、不可篡改、可追溯、公开透明、智能合约机制等特点在税收法治建设、税收征管、税收服务、国际税收、税收人才和组织管理等领域大有用武之地，可用来完善税收法律法规，提升税法威慑性、降低征管成本、优化业务流程、促进数据共享、提升协同效率、建设可信体系等，从而促进税收治理的现代化。

第十，区块链技术应用于税收法治建设，能够增强纳税人对税法的认同感信任感及税务执法的规范性和威慑性；应用于税收征管，可以深化"以数治税"的治理模式，提升税源管理能力和纳税人对税收风险的损失厌恶度，降低税收欺诈行为，提升跨境交易各国合作的信任度；应用于税收服务，可以为传统业务流程注入信任基础，优化税收营商环境；应用于国际税收，能够增加跨境逃避税的心理成本，并增强国际税收合作的信任度；应用于税收人才和组织管理，可以提升部门协同治理能力和管理服务效能。

第十一，现阶段区块链技术仍不成熟，在税收治理的现实应用中还存在着诸多局限性：区块链的智能合约问题会降低税收处罚的威慑性；加密货币征税问题会降低税法的完备性和精确性；区块链技术的"不可能三角"可能会提高征纳双方的心理成本；链上数据不可篡改会提高税务机关的稽查成本；区块链税收监管与隐私保护的冲突会降低征纳双方的信任感；区块链跨链技术与地区利益矛盾违背了纳税人的公平偏好；"区块链＋税务"的复合型人才的缺乏助长纳税人投机心理。因此各方应冷静思考、潜心探索最需要、最适合区块链技术应用的税收场景。

第十二，以美国、欧盟、英国等为代表的国外政府主要从税收法治、税收征管、纳税服务等方面探索了区块链技术在税收治理领域的应用。采取的比较有借鉴意义的做法有：一是加强税收法治化建设，依法保护纳税人权益。如出台数据保护相关法律法规，平衡区块链税收监管和纳税人隐私保护；根据本国实际出台加密货币税收政策法规，提高纳税人感知到的税收稽查率。二是运用区块链技术加强税收征管体系建设，推进税收治理信息化。如欧盟设计构建了基于区块链技术的增值税跨境征管系统，美国设计构建了基于区块链技术的工薪税征管系统。三是完善税收服务体系，推进税收治理社会化。如欧盟运用区块链技术为欧盟所有公民设立数字身份，实现包括纳税服务在内的所有公共服务的数字化，并进而搭建一个区块链社会。

第十三，税收治理现代化是一项系统工程，应用区块链技术提升我国税收治理现代化，要在税收治理的五大体系（税收法治体系、税收征管体系、税收服务体系、国际税收体系、税收人才和组织体系）中综合运用区块链技术从总体上构建动态平衡、开放共享的智慧税务生态系统。

第十四，良好的法治环境是基于区块链技术的智慧税务生态系统运行的基本保障。因此，需要结合区块链技术发展完善税收法治体系。首先要完善区块链相关税收法律法规，确保税链运行有法可依。其次在纳税人的各项活动皆有法可依的基础上，通过多样化的惩罚方式加大对偷逃税等税收违法行为的惩罚力度，增强税法威慑性；并建立基于区块链技术的税务执法机制，增强执法规范性。最后借助区块链实现税收法治的公平公正，增强社会信任感。

第十五，技术变革是税收治理现代化发展的动力之源，在税收征管中可应用区块链技术改进现有税收征管系统、构建合作型征纳关系、创建涉税信息共享协调机制。如研究设计区块链技术在增值税、所得税等具体税种征管中的应用场景和架构方式，建立基于区块链技术的增值税信息交换系统和税款征收系统、所得税管理系统；通过建立面向纳税人的"区块链＋纳税服务"涉税信息共享平台、面向税务部门的"区块链＋税务管理"平台、面向社会的"区块链＋综合治税"平台，实现智慧税务生态系统各参与主体之间的信息开放共享。

第十六，在税收服务中通过对税收信用管理系统及纳税服务相关业务流程的完善，并创建基于区块链技术的税务交易数字系统，建立基于区块链技术的税收服务体系，促进税收服务体系的现代化。

第十七，在国际税收中通过建立基于区块链技术的数字发票海关交换系统及转移定价机制，打击跨国税收欺诈和国际避税行为，完善国际税收体系。

第十八，在税收人才和组织管理中要加快"区块链＋税务"的复合型人才培养，并利用区块链技术助推税收组织机构的扁平化，从而为构建基于区块链技术的智慧税务生态系统提供组织环境。

综上，区块链技术特性能够很好地解决数字经济的税收治理难题，应用区块链技术提升我国税收治理现代化具有可行性。截至 2024 年，区块链技术在我国税收治理的应用中初见成效但问题突出，使区块链技术的作用没能充分发挥。同时我们要正视区块链技术应用于我国税收治理的前景和局限。虽然区块链技术在税收领域具有广阔的应用前景，但区块链技术并不是税收制度的万能药，在税收治理的现实应用中也存在诸多局限亟待克服。在寻找最需要、最适合区块链技术应用的税收场景时，不要高估技术在区块链应用中的作用，而忽略了区块链是一种生态系统这个核心。既然是生态，就要靠时间积累，要靠培养。税收领域应用区块链技术要立足长远，充分认识区块链技术应用的系统性、长期性和复杂性特征。税收领域最适用的区块链技术一定是想明白商业逻辑、行为逻辑、法律边界、政治边界的税收技术人才发明的。我们要谦卑地对待复杂的人性，要考虑法律体系的影响，要清楚地认识政府的力量，还要深刻地理解世界的变化。技术和政策是税收治理现代化的两翼，应用区块链技术提升税收治理的现代化需要在税收治理五大体系中综合运用区块链技术，从总体上构建基于区块链技术的智慧税务生态系统。

第二节　研究展望

由于区块链技术在我国税收治理中的应用仍处于探索时期，仅在一些地区税务领域的某些方面进行试验试点，应用场景有限且时间较短，实务操作的相关数据资料较少且不全面，相关数据也尚未披露，无法采用面板数据进行经济学实证分析。随着区块链技术在税收治理实践中应用的不断推开，未来的研究可以依托相对丰富的实践经验及相关数据资料具体评估在税务系统中使用区块链技术的有效性和效率，以确定其是否成功降低了税收的成本和风险，增加了数据保密安全性和税收收入等。也可进一步评估在具体税种的征管系统中实施区块链技术时组织的准备情况、法律法规、基础设施、人力资源、业务模型的适用性及其治理。同时也可对本书提出的区块链技术应用于税收治理现代化的方案设计的有效性进行评估和检验，并不断完善。

将区块链技术应用于税收治理不是一蹴而就的，仍需进一步持续研究。未来的研究可以考虑使用其他分析框架或研究视角来研究税收治理中区块链技术的就绪性和实施情况，使用多种分析框架进行多角度的分析，以便更全面地推动区块链技术在税收治理中的应用。随着应用中实践经验的不断丰富，未来研究人员也可对区块链技术在税收领域的应用进行更全面的文献综述，进一步讨论其不同发展阶段面临的机遇和挑战等。

在税收治理中应用区块链技术要立足长远、务实推进，充分认识区块链技术应用的系统性、长期性和复杂性特征。未来研究人员可从市场发展、风险管控、法律合规等维度综合考虑，探索最需要、最适合区块链技术应用的税收场景，以实现链上链下联动、技术业务结合、技术与行政的统一、数据与业务的统一、创新与管理的并重，充分发挥"区块链＋税务"的数字赋能潜力，切实利用区块链技术化解税收治理的难点痛点，深度服务实体经济。

在税收治理中应用区块链技术，短期内要注重区块链技术对税收管理与服务的改善和提升，长期中则要逐步发挥其对税收制度改革的推动作用，促进税收制度的优化并获得制度红利。未来可以尝试基于区块链技术对征管能力及涉税信息共享水平的提高等所带来的税收治理能力的提升来优化税制结构，基于区块链技术研究通过税收治理推动税收制度改革的机制，如未来可以尝试研究基于区块链技术实施消费税改革、所得税改革等。

参考文献

引文文献

[1] 张波.国外区块链技术的运用情况及相关启示[J].金融科技时代，2016（5）：35-38.

[2] 工业和信息化部.中国区块链技术和应用发展白皮书（2016）[M].北京：中国区块链技术和产业发展论坛，2016：39-46.

[3] 申屠青春.区块链开发指南[M].北京：机械工业出版社，2017：8-19.

[4] 王远伟.基于区块链技术的增值税征管数字化转型[J].中国财政，2018（18）：51-53.

[5] 钟成，张桂茂.区块链技术在税务风险管控中的应用前景与挑战分析[J].商业会计，2018（19）：126-129.

[6] 杨雷鸣，朱波，苏宇.关于应用区块链技术提升税收风险管理的思考[J].税务研究，2019（4）：77-80.

[7] 赵金旭，孟天广.技术赋能：区块链如何重塑治理结构与模式[J].当代世界与社会主义，2019（3）：187-194.

[8] 张亮，李楚翘.区块链经济研究进展[J].经济学动态，2019（4）：112-124.

[9] 董丽娟.区块链技术在税收管理领域的应用[J].地方财政研究，2020（12）：73-77.

[10] 张雷宝.税收治理现代化：从现实到实现[J].税务研究，2015（10）：70-74.

[11] 王秀芝.税收能力提升的必由之路：税收征管现代化建设[J].中国人民大学学报，2015（6）：27-36.

[12] 宋丽颖，张安钦.税收治理体系现代化：挑战与路径选择[N].中国

财经报，2018-02-06（006）.

[13] 赵惠敏.税收治理现代化的逻辑与演进 [J].当代经济研究,2018(1)：77-82.

[14] 张 斌.推进税收治理现代化的思考 [J].财政科学，2018（8）：23-17.

[15] 迟连翔，韩吉营.税收治理体系现代化内涵及其构成 [C].财金观察，2020（1）：40-50.

[16] 国家税务总局厦门市税务局课题组，张曙东，洪连埔，罗绪富.关于税收治理体系和治理能力现代化演进、逻辑关系及实现路径的认识 [J].税务研究，2020（9）：132-136.

[17] 国家税务总局深圳市税务局课题组，张国钧，李伟，吴俊培.新时代税收管理现代化问题研究 [J].税务研究，2020（7）：121-126.

[18] 刘尚希.财税制度要与建设现代化新征程相适应 [EB/OL]. https：//mp.weixin.qq.com/s/7zA6c6vjce1Mw_U1X2dcOA，2021-04-14.

[19] 浙江省嘉兴市税务学会课题组.市域税收治理现代化问题研究——以嘉兴税务实践为例 [J].税务研究，2022（6）：111-116.

[20] 余静.大数据背景下推进税收治理现代化的建议 [J].经济研究参考，2015（71）：15.

[21] 王葛杨.关于运用大数据推进税收治理现代化的思考 [J].税务研究，2020（11）：140-143.

[22] 焦瑞进.金融税收区块链推进税收治理现代化 [J].财政监督，2020（6）：5-9.

[23] 周贤娴.论税收治理现代化 [J].现代商贸工业，2020（5）：119-120.

[24] 汪康.关于新时代税收治理问题的研究 [J].税务研究，2019（12）：5-8.

[25] 张巍，郭墨.区块链技术服务税收征管现代化的契合性研究 [J].税务研究，2019（5）：80-86.

[26] 刘建徽，周志波.经济数字化与全球税收治理：背景、困境与对策 [J].宏观经济研究，2020（6）：49-60.

[27] 贾宜正，刘建，谷文辉，等.大数据背景下的税收治理问题研究 [J].税收经济研究，2017（5）：17-23.

[28] 任超然.基于区块链技术的税收征管模型研究［J］.税务研究，2018（11）：90-97.

[29] 汤晓冬，周河山.基于区块链技术的税收治理框架构建[J].税务研究，2018（11）：98-104.

[30] 高金平.区块链之税收应用场景畅想[J].新理财，2018（Z1）：17.

[31] 杜莉，郑毓文.应用区块链技术推动我国增值税征管创新：机制分析和方案设计[J].税务研究，2018（6）：72-79.

[32] 李万甫，刘和祥，邓学飞.应用区块链技术推动我国纳税缴费信用管理研究[J].税务研究，2018（12）：78-82.

[33] 张炜.加强增值税专用发票管理的国际借鉴研究[J].国际税收，2019（2）：75-78.

[34] "'互联网+'背景下的税收征管风险管理研究"课题组，李伟.利用区块链技术提升我国税收管理水平研究[J].财政研究，2019（12）：102-109.

[35] 程辉.区块链技术驱动下的税收征管与创新[J].财政科学,2019(9)：146-153.

[36] 于水，杨杨.区块链赋能、治理流程优化与创造公共价值[J].南开学报（哲学社会科学版），2020（5）：118-126.

[37] 广东省深圳市国际税收研究会课题组，张国钧，钱勇，李伟，等.区块链技术在我国税收管理领域应用的探索[J].国际税收，2020（2）：12-17.

[38] 邓学飞，贺照耀.大数据在纳税缴费信用体系建设中的应用研究[J].税务研究，2020（5）：72-78.

[39] 张瑞军.数字化转型推动税收治理现代化[J].中国税务，2021（1）：31-33.

[40] 国家税务总局广西壮族自治区税务局课题组，吴云，蒋楠，覃子珂，等.政府涉企数据"还权"及要素化路径研究——以区块链技术实现中小微企业税务数据资产化及流通为例[J].税务研究，2021（1）：59-66.

[41] 陈立，崔家熙.基于区块链技术的现代税收管理模式探析[J].财务管理研究，2022（2）：70-77.

[42] 白玉明，陈卓.区块链技术在新时代税收征管领域的应用探析[J].

中国税务，2018，（7）: 61-63.

[43]　李大明. 区块链技术助力我国税收现代化的前瞻 [J]. 辽宁经济，2020（7）: 46-47.

[44]　闫英楠. 区块链技术在税收征管中的应用探析 [J]. 当代农村财经，2020（6）: 30-46.

[45]　蔡昌，林森，李梦娟. 数字税收生态系统: 运行机制与演进路径 [J]. 清华管理评论，2021（4）: 30-39.

[46]　张晓丽. 运用区块链技术创新房地产行业税收征管模式 [J]. 税务研究，2018（8）: 111-114.

[47]　王晓玲. 区块链技术在打骗打虚工作中的构建与应用 [J]. 税务研究，2019（2）: 119-124.

[48]　董志学，张义军，宋涛. 基于区块链技术的税务管控路径研究 [J]. 税务研究，2018（4）: 108-112.

[49]　杨杨，杜剑，罗翔丹. 区块链技术对税收征纳双方的影响探析 [J]. 税务研究，2019（2）: 114-118.

[50]　楚文海，江爱芳. 区块链技术在税收风险管理中的应用探析 [J]. 会计之友，2020（23）: 156-160.

[51]　张之乐. 以区块链技术促进纳税遵从的设想［J］. 税务研究，2017（12）: 108-111.

[52]　杰弗里·欧文斯，何振华，王思凡，等. 区块链技术的前瞻及在税收领域的应用前景分析 [J]. 国际税收，2017（9）: 36-40.

[53]　杰弗里·欧文斯，陈延忠. 区块链与税收: 从梦想到现实 [J]. 国际税收，2018（9）: 23-27.

[54]　曹明星，蒋安琦，刘奇超. 区块链技术在税收领域的应用: 功能补拓、实践观照与问题前瞻 [J]. 国际税收，2018（5）: 38-45.

[55]　许文，施文泼. 税收征管中的区块链技术应用: 基于"不可能三角"的思考 [J]. 财政科学，2019（2）: 28-36.

[56]　袁娇，陈彦廷，王敏. "互联网＋"背景下我国税收征管的挑战与应对 [J]. 税务研究，2018（9）: 82-88.

[57]　龚永丽，方泽铭. 区块链技术在税收征管中的应用及挑战研究 [J].

当代经济，2020（1）：68-70.

[58]　胡扬．区块链技术与国家财政治理 [J].吉首大学学报（社会科学版），2020（2）：128-136.

[59]　朱炎生．区块链技术运用于涉税交易信息管理：潜在变化与政策选择 [J].税务研究，2020（7）：53-57.

[60]　李哲．基于区块链的电子发票云平台构建研究 [D].北京：中国财政科学研究院，2018：13-19.

[61]　陈宇翔，张兆雷，刘地军，等．区块链的税收智能合约设计 [J].通信技术，2018（6）：1384-1390.

[62]　曾雪云．区块链技术原理与财政应用前景 [J].财会月刊，2019（7）：160-165.

[63]　蔡昌，赵艳艳，戴梦妤．基于区块链技术的税收征管创新研究 [J].财政研究，2019（10）：114-127.

[64]　刘文婕．区块链技术在海关税收征管上的应用设想 [J].时代金融，2020（20）：83-84.

[65]　王娟．区块链技术驱动税收征管创新的路径与对策 [J].税务与经济，2020（6）：99-104.

[66]　蔡昌，赵艳艳，李艳红．数字资产的国际税收治理研究 [J].国际税收，2020（11）：27-35.

[67]　程前．平台经济税收监管中区块链技术赋能的法治理路 [J].统一战线学研究，2022（2）：90-100.

[68]　袁显朋，王少华，景雪妍，赵琳璐．基于区块链技术的数字经济税收治理研究 [J].财会研究，2022（1）：22-29.

[69]　蔡昭映．区块链技术重塑税收征管系统路径探讨 [J].财会通讯，2022（14）：143-147.

[70]　崔九九．基于区块链技术的中国税收信用体系构建 [J].财会月刊，2022（4）：155-160.

[71]　蔡昌，郭俊杉．平台经济税收治理的博弈分析 [J].改革，2023（3）：62-75.

[72]　刘蓉，黄洪．行为财政学研究评述 [J].经济学动态，2010（5）：

131–136.

[73]　白彦锋，郝晓婧.行为财政学视角下提升税收遵从的路径选择：基于 B 市地税加强零申报纳税人管理的案例分析 [J]. 税收经济研究，2018（2）：29–37.

[74]　崔亚飞，周荣，王婷.行为财政学视角下的税收遵从研究：理论拓展、方法创新与影响因素 [J]. 税务研究，2019（9）：109–113.

[75]　刘雯，马万里.行为经济学与税收遵从：一个理论与应用分析 [J]. 公共财政研究，2019（5）：54–67.

[76]　代志新，陈怡心.行为财政学：方法和实践 [J]. 财政科学，2021（7）：95–102.

[77]　李文.有限理性与纳税人税负感知：谁更关注 2019 年个人所得税改革？[J]. 财贸研究，2021，32（9）：84–95.

[78]　王秀芝，曹杰.行为洞察与税收征管实践：国际案例与启示 [J]. 国际税收，2022（1）：44–52.

[79]　马海涛，白彦锋，岳童.传统财政学的实践困境与行为财政学的应用 [J]. 新文科教育研究，2022（2）：104–144.

[80]　Haber, S.A. & Jr. Stornetta. etal. How to time–stamp a digital document[J].Journal of Cryptology，1992，99–111.

[81]　Satoshi, N. Bitcoin：A Peer–to–Peer Electronic CashSystem[EB/OL]. https：//bitcoin. org / bitcoin. 2021–04–19.

[82]　唐塔普斯科特，亚力克斯·塔普斯科特.区块链革命：比特币底层技术如何改变货币、商业和世界 [M]. 北京：中信出版社，2016：281–320.

[83]　阿尔文德·纳拉亚南，等.区块链技术驱动金融：数字货币与智能合约技术 [M]. 北京：中信出版社，2016：221–239.

[84]　the UK Government Chief Scientific Adviser, Distributed Ledger Technology：beyond block chain[R]. The UK Government Office for Science Paper，October，2016：41–47.

[85]　Panarello A. Blockchain and IoT Integration：A Systematic Survey[J]. Sensors, Vol.18, No.25, 2018：1–37.

[86]　Robby, H. & S.Alexander. Cryptocurrencies and Blockchain:Legal

context and implications for financial crime, money laundering and tax evasion[R]. Study Requested by the Tax3 committee, European Union, July 2018.

[87] Filip F. & P. Hake & P. Fettke. Towards Tax Compliance by Design: A Decentralized Validation of Tax Processes Using Blockchain Technology[C]. Conference Paper, July 2019.

[88] Behraj K. & T. Syed. Recent Progress in Blockchain in Public Finance and Taxation[C]. Conference Paper, November 2019.

[89] Piotr Bara ń ski. Blockchain technology and its potential in taxes[EB/OL]. https://www2.deloitte.com/pl/en/pages/tax/articles/blockchain-technology.html.2021-04-18.

[90] Richard T. A. & V. Viitasaari. Payroll Tax & the Blockchain[J].Tax Notes International, 2017:1007-1024.

[91] Berryhill, J. & T. Bourgery & A. Hanson. "Blockchains unchained," OECD Working Papers on Public Governance, 2018.

[92] Hoffman, M.R. Can Blockchains and Linked Data Advance Taxation[A].Proceedings of the Web Conference[C]. Geneva, Switzerland, 2018, 1179-1182.

[93] Quentin, W. Solving VAT fraud, once and for all, with blockchain[EB/OL]. https://blog.kpmg.lu/solving-vat-fraud-once-and-for-all-with-blockchain/.2021-04-22.

[94] Naveen, J. Blockchian and taxation[EB/OL]. https://www.bbntimes.com/technology/blockchain-and-taxation.2021-04-18.

[95] Valentine, P. & Vishnevsky & V. D. Chekina. Robot vs. tax inspector or how the fourth industrial revolution will change the tax system: a review of problems and solutions[J]. Journal of Tax Reform, 2018, 04（1）:6-26.

[96] Aleksandra, B. Does the Tax Sector Need Blockchain?[J].IBFD, 2018:4-5.

[97] Nick, W..A Fork in the Blockchain: Income Tax and the Bitcoin/Bitcoin Cash Hard Fork[J]. North Carolina Journal of Law & Technology, 19 N.C. J.L. & Tech. 2018（283）.

[98] Michael, D.C. & T.K. Duncan. Taxation as a Barrier to Blockchain

innovation[C]. The Virginia Association of Economists Annual Meeting, April 5, 2019.

[99] Ainsworth, R. T. & A. Shact, Blockchain (Distributed Ledger Technology) Solves VAT Fraud[S]. Boston University School of Law Law & Economics Working Paper No.16–41, June 20, 2016.

[100] Hissu, H. & M. Risius & G. Friis. A Blockchain–Based Approach Towards Overcoming Financial Fraud in Public Sector Services[J].Business & Information Systems Engineering, 2017vol. 59, no. 6: 441–456.

[101] Wijaya, D. A. & J. K. Liu & D. A. Suwarsono, etal. A new blockchain–based value–added tax system[A].T.Okamoto, Y.Yu, M.H. Au, etal. Provable Security[C].Cham:Springer, 2017, 471–486.

[102] Rijswijk, L. van, Hermsen, et al. Exploring the Future of Taxation: A Blockchain Scenario Study[J].Journal of Internet Law, 2019vol. 22, no.9:1–31.

[103] Ahmad, A. & A.Toqeer & S. Jan, et al. A Blockchain–based Value Added Tax (VAT) System: Saudi Arabia as a Use–Case[J]. International Journal of Advanced Computer Science and Applications (IJACSA), 2019:708–716.

[104] Filip, F. & H.Philip & P.Fettke. Towards Tax Compliance by Design: A Decentralized Validation of Tax Processes Using Blockchain Technology[C]. Conference Paper, July 2019.

[105] Ayesha, S. & D. A. M.Fatema & T. Noshin, etal. Secured Taxation Operation Using Transaction Functionalities of Blockchain[A].10th International Conference on Research in Scinece &Technology[C].Oxford, United Kingdom, 2020.

[106] Milla, S.S. & N. Desila Utami & H. S. Arfah, etal. Blockchain Technology Application for Value–Added Tax Systems[J].Journal of Open Innovation:Technology, market, and complexity, 2020 (11).

[107] Filip, F. & H. Philip & P. Fettke. Confidentiality–preserving Validation of Tax Documents on the Blockchain[A]. 15th International Conference on Wirtschaftsinformatik[C]. otsdam, Germany, 2020, (03):08–11.

[108] Mccaffery, E. J. & S. Joe l B. Toward an Agenda for Behavioral Public Finance[J].

Social Science Electronic Publishing, 2004, 133 (4):5 1 1–540.

[109] Paul, W. & C. Adams & H. Elfers. Value added tax compliance[C]. Paper presented at the conference "Behavioural Public Finance: Towards a new agenda", April 2004.

[110] Kirchler, E.& E. Hoelzl & I. Wahl. Enforced versus Voluntary Tax Compliance:The "Slippery Slope Framework" [J]. Journal of Economic Psychology, 2008,（29）.

[111] Farrar, J.& T. King. To Punish or Not to Punish? The Impact of Tax Fraud Punishment on Observers'Tax Compliance［J］. Journal of Business Ethics, 2022,（2）: 1-50.

阅读型文献

[112] 任仲文. 区块链领导干部读本 [M]. 北京: 人民日报出版社, 2018: 12-65.

[113] 白彦锋, 岳童. 行为财政学 [M]. 北京: 中国人民大学出版社, 2020: 66-70.

[114] 埃里希·科齐勒. 税收行为的经济心理学 [M]. 北京: 中国财政经济出版社, 2012: 96-138.

[115] 张国钧, 李伟, 谢波峰等. 基于区块链的"互联网＋税务"创新探索: 以深圳市税务局的实践为例 [J]. 税务研究, 2019（1）: 68-73.

[116] 刘雷, 杨加裕. 区块链技术驱动我国税收征管创新研究——基于优化税收营商环境的视角 [J]. 会计之友, 2020（22）: 154-160.

[117] 伍红, 朱俊, 汪柱旺. 应用区块链技术构建税收共治新格局的思考 [J]. 税务研究, 2020（9）: 56-62.

[118] 王伟域, 孙凯, 辛浩. 基于区块链技术的税收治理现代化路径选择 [J]. 财政监督, 2020（20）: 79-85.

[119] 杨望, 彭珮, 徐慧琳. 区块链研究框架的新思考: 来自国内外研究的文献综述 [J]. 东北财经大学学报, 2020（3）: 78-89.

[120] 徐夫田, 汤荣志, 董旸. 基于区块链技术的税收信息化研究 [J]. 税收经济研究, 2018（5）: 45-48.

[121] 杨杨, 杨加裕. 构建基于主权区块链的税收信用体系研究 [J]. 税收

经济研究，2019（6）：60-68.

[122] 胡海瑞．"区块链技术＋税收治理"应用探研 [J]. 税收征纳，2019（8）：4-6+1.

[123] 卢阳，王蕴．浅议区块链技术对我国税收征管体制的影响 [J]. 沈阳工程学院学报（社会科学版），2019（3）：335-339.

[124] 辛浩．人工智能时代税收治理面临的挑战与对策 [J]. 税务研究，2019（9）：85-89.

[125] 秦川．浅议区块链电子发票 [J]. 国际税收，2018（11）：78-79.

[126] 李平．国际视角下的税收治理数字化探析 [J]. 税务研究，2020（4）：62-68.

[127] 伍前红，李大伟，郑海彬．"新基建"下区块链所面临的安全态势与发展建议 [J]. 中国信息安全，2020（7）：49-51.

[128] McCaffery, E. & J.Slemrod Behavioral Public Finance[M].New York: Russell Sage Foundation，2006:511-540.

[129] Austin, E. Collection of Cryptocurrency Customer-Information:Tax Enforcement Mechanism or Invasion of Privacy?[J]. Duke Law & Technology Review, May 2018.

[130] Owens, J. & J. de Jong. Taxation on the blockchain:Opportunities and challenges[J].Tax Notes International, 2017，8（7）:601-612.

[131] Kahneman, D. & A.Tversky. Prospect Theory: An Analysis of Decision under Risk[J]. Econometrica, 1979, 47（2）:263-291.

[132] Amelia, S. Bridging the Digital:How Tax Fits into Cryptocurrencies and Blockchain Development[J].Internatioanal Tax Review, 2017（4）．

[133] Demirhan, H. Effective Taxation System by Blockchain Technology[A].Umit Hacioglu. Blockchain Economics and Financial Market Innovation[C].Springer Nature Switzerland AG 2019:347-360.

[134] Wang, J. Application of Blockchain Technology in Tax Collection and Management[A]. Zheng Xu, Reza M. PariziMohammad, Hammoudeh, etal. Proceedings of the 2020 International Conference on Cyber Security Intelligence and Analytics[C].Springer Nature Switzerland AG 2020:50-58.